LA CHARBONNIÈRE,

OPÉRA - COMIQUE EN TROIS ACTES,

PAROLES DE MM. SCRIBE ET MÉLESVILLE.

MUSIQUE DE M. MONTFORT.

Représenté pour la première fois, à Paris, sur le Théâtre-Royal de l'Opéra-Comique,
le 13 octobre 1845.

DISTRIBUTION DE LA PIÈCE.

Personnages.	Acteurs.
LE DUC DE CHAMPCARVILLE, grand seigneur émigré..........	M. CHAIX.
AGATHE, sa fille...	Mlle DUVAL.
CHARLES D'ASPREMONT, colonel au service de l'Empereur.......	M. AUDRAN.
MADAME BERTRAND, charbonnière...............................	Mlle PRÉVOST.
JEROME, son commis...	MM. RICQUIER.
M. RIGOBERT, intendant d'une grande maison...................	GRIGNON.
GERVAIS DIT BRINDAMOUR, soldat...............................	MOCKER.
FLATMANN, aubergiste...	GARCIN.
Valets, Paysans, Paysannes, Soldats.............................	

La scène se passe dans le domaine de Reichenback, en Westphalie, vers la fin de l'année 1814.

La mise en scène exacte de cet ouvrage et transcrite par M. L. PALIANTI, fait partie de la collection des mises en scène publiées par le journal *Revue et Gazette des Théâtres*, rue Sainte-Anne, 55.

ACTE PREMIER.

Le théâtre représente une place de village ; à gauche, une auberge ; à droite, la grille d'un château.

SCÈNE PREMIÈRE.

(Au lever du rideau, Brindamour est au milieu du théâtre, assis à une table et entouré de paysans westphaliens et de soldats qui boivent avec lui ; à droite, au bord du théâtre, Jérôme devant une petite table et déjeûnant seul. Flattmann, l'aubergiste, allant et venant de la table à sa maison.)

BRINDAMOUR.

Buvons, chantons tour-à-tour !
Et que rien ne vous effraie !
Mes amis, c'est moi qui paie,
Moi, Gervais, dit Brindamour !
Moi, soldat français, qu'on oublie,
Au fin fond de la Westphalie !
Je n'ai su faire, dans ma vie,
Que deux choses passablement :
Primo, de me battre avec gloire ;
Secundo, de chanter et boire !..
Or, mesamis, j'aime à le croire,
Je ne me bats pas à présent !
Donc... suivez-le raisonnement!...

ENSEMBLE.

BRINDAMOUR.

Chantons, buvons, tour-à-tour,
Et que rien ne vous effraie,
Mes amis, c'est moi qui paie !...
Vivent le vin et l'amour !

LE CHOEUR.

Chantons et buvons tour-à-tour,
Et que rien ne nous effraie..
Mes amis, c'est lui qui paie !
Vivent le vin et l'amour !

JÉRÔME, *devant sa petite table.*

Tudieu ! quel joyeux caractère !

BRINDAMOUR, *à Jérome*.

Toi, qui là-bas, tout seul, bois de la bière,
Viens avec nous boire du vin !
(*Jérôme se lève et s'approche de la table en tendant son verre.*)
C'est moi qui paie... Allons, le verre plein !

JÉROME, *à part, en buvant*

C'est un soldat millionnaire !

FLATMANN, *à Brindamour*.

Permettez un peu, compagnon !
Vous régalez tout le canton ?
Voici la vingtième bouteille !

BRINDAMOUR.

Dix-huit...

FLATMANN.

Non pas !... vingt !

BRINDAMOUR.

A merveille !...
Apportez-en d'autres encor...
C'est moi qui régale...

FLATMANN.

D'accord !...
Mais vous versez toujours, et vous ne payez guère !
Liquidons le passé... puis après l'on verra !...

BRINDAMOUR.

Bien dit..., *fouillant dans plusieurs de ses poches*.
C'est étonnant comme l'argent s'en va !...
Car je suis sûr que j'en avais naguère.
(*A Jérôme*)
En as-tu ?

JÉROME, *d'un air fier*

Certe !..

BRINDAMOUR, *à Flatmann*.

Alors, passez-lui le total.

JÉROME, *repoussant Flatmann, qui lui présente la note, et lui montrant Brindamour.*

C'est lui !...

BRINDAMOUR, *se versant un dernier verre*.

Toi ! moi ! Pourvu qu'on boive, c'est égal !

ENSEMBLE.

FLATMANN.

Ah ! pas de semblables tours !
Ne croyez pas qu'on m'effraie ;
J'entends ici qu'on me paie
Ou bien j'appelle au secours !

BRINDAMOUR ET LE CHOEUR.

Chantons, buvons tour-à-tour !
Et que rien ne nous effraie ;
(*Montrant Jérôme.*)
Mes amis, c'est lui qui paie ;
Vivent le vin et l'amour !

JÉROME.

Ah ! pas de semblables tours !
Ne croyez pas qu'on m'effraie !
Je bois, mais jamais ne paie !
A d'autres ayez recours !

BRINDAMOUR.

Ah ! quel heureux hasard !... Calmez votre épouvante !
Gargotier timide et tremblant !
Il me reste encor ma toquante.

JÉROME, *à Flatmann*.

Sa montre !...

BRINDAMOUR.

Toquante d'argent !
(*La regardant.*)
Souvenir de famille !... Ah ! c'est vraiment dommage,
De te remettre en gage !...
Mais... mais, ce n'est pas la première fois...
Tu connais le chemin, je crois !...

Premier Couplet.
(*Approchant la montre de son oreille.*)

Tic toc ! quand m'appelait la table,
Tic toc ! ou bien fillette aimable !
A mon désir impatient,
Tu disais... voici le moment !
Adieu donc, ma toquante,
Toi qui si vigilante
Venais nous avertir
Des heures du plaisir !
C'est l'heure du départ qu'ici tu dois tinter.
Tic toc, tic toc, tic, toc... nous allons nous quitter..
Adieu bijou, nous allons nous quitter.

Deuxième Couplet.
(*Portant ses mains à son estomac.*)

Tic, toc, mon estomac avide...
Tic toc, mon cœur que l'amour guide
(*Imitant les battements du cœur.*)
Sans toi pourront bien entre nous
(*Regardant la montre.*)
Sonner l'instant du rendez-vous !
Adieu donc, ma toquante,
Je m'en vais, dans l'attente,
Avancer à loisir
Les heures du plaisir !
Sonne donc le départ... Oui, tu peux le tinter...
Tic toc, tic toc, tic toc ! nous pouvons nous quitter !
(*La remettant à Flatmann.*)
Oui, sans regret, nous pouvons nous quitter.

FLATMANN, *le regardant*.

Elle vaut bien cinq écus !..

BRINDAMOUR.

Au moins dix !
Et pour retrouver, mes amis,
L'appétit qui me tient rancune,
Je vous invite tous à la chasse avec moi !
Dans ces belles forêts que d'ici j'aperçoi...

FLATMANN.

Mais elles sont à la commune !

BRINDAMOUR.

La commune... c'est nous... c'est lui .. c'est vous... c'est
[moi !]

ENSEMBLE.

BRINDAMOUR ET LE CHOEUR.

Place ! place !
Pour la chasse

LE DUC, *reprenant la lettre.*

C'est sans façon ! un M. Rigobert... traiter d'égal à égal ! mon Dieu ! je fais la part du temps... je sais que nous sommes en 1814, et je ferais bon marché de tous mes titres, prérogatives et privilèges... ce que je veux seulement, c'est qu'on me les rende, et après nous verrons!.. (*Au domestique.*) Offrez à M. Rigobert mes civilités et dites-lui qu'il m'est impossible d'avoir l'honneur de le recevoir... (*Le domestique entre dans l'auberge à gauche, et le duc fait quelques pas pour sortir. Madame Bertrand, qui jusque là s'est tenue à l'écart, se présente devant lui.*)

MADAME BERTRAND.
Pardon, monseigneur!

LE DUC.
Qu'est-ce encore? qu'y a-t-il?

MADAME BERTRAND, *avec un peu de trouble.*
Il y a d'abord, M. le duc, qu'autrefois, dans mon commerce, car je suis dans le commerce... madame Bertrand, marchande de charbons... j'ai connu un M. Rigobert... un fort honnête homme... j'ignore si c'est celui-là... mais ce n'est pas de lui qu'il s'agit... c'est de moi...

LE DUC.
Vous voulez la fourniture de l'hôtel?.. rien de mieux... eh bien ! vous verrez ça avec mon intendant... à Paris, dès que nous y serons de retour...

MADAME BERTRAND.
Je ne refuse pas, monseigneur!.. mais je viens pour autre chose encore... pour vous demander où je pourrais rencontrer à Paris une personne que j'ai grand intérêt à rejoindre... M. le colonel d'Aspremont!

AGATHE, *vivement, à part.*
Le marquis!..

LE DUC, *avec hauteur.*
A moi de pareils renseignements

MADAME BERTRAND.
C'est tout naturel... comme on dit que M. le marquis doit être votre gendre...

LE DUC, *avec colère.*
Mon gendre?.. qui a dit cela?

MADAME BERTRAND, *troublée et voyant les signes d'Agathe.*
On nous avait assuré, du moins, là à l'auberge, que M. le marquis recherchait mademoiselle votre fille en mariage... et...

LE DUC.
Cette nouvelle ne m'avait pas encore été notifiée... (*a Agathe.*) Vous la connaissiez sans doute, mademoiselle?

AGATHE, *timidement.*
Non, mon père... mais depuis plusieurs mois M. le marquis est dans ce pays avec les troupes qu'il commande, et ses visites au château... ont pu faire penser...

LE DUC.
Je suis très flatté qu'à l'auberge de l'Aigle-Blanc on daigne s'occuper de l'établissement d'une Champcarville avec un colonel de Bonaparte!.. et puisqu'on y est si bien instruit, c'est là, madame Bertrand, qu'il faut vous procurer les renseignements dont vous avez besoin.

MADAME BERTRAND, *le suivant d'un air suppliant.*
M. le duc!.. M. le duc!..

LE DUC, *lui faisant un salut de la main.*
Votre serviteur, de tout mon cœur. (*Il sort par le fond, à gauche.*)

SCÈNE IV.

MADAME BERTRAND, AGATHE, *qui a fait quelques pas pour rentrer par la grille du château.*

MADAME BERTRAND, *se désolant.*

Mais il faut pourtant que je parle à M. d'Aspremont; il y va de ce que j'ai de plus cher...

AGATHE, *revenant vivement près d'elle et à voix basse.*
Vous lui parlerez... ici même... je m'en charge...

MADAME BERTRAND.
Est-il possible, ma bonne demoiselle? et comment cela :

AGATHE.
Un ordre du ministre de la guerre l'avait appelé à Paris... il revient aujourd'hui, pour ramener en France son régiment qui servait dans l'armée westphalienne.... mais personne ne le sait encore... ainsi...

MADAME BERTRAND.
Je me tairai... je me tairai... je suis si désolée de vous avoir causé un grand chagrin peut-être, par mon indiscrétion!

AGATHE, *à demi-voix.*
Oui... il valait mieux ne pas parler de cela...

MADAME BERTRAND.
Ça ne m'arrivera plus... (*à demi-voix et en confidence.*) Votre père ne veut donc pas?..

AGATHE.
Silence !

MADAME BERTRAND.
Il est fier... je l'ai bien vu. Mais il me semble que les d'Aspremont sont aussi une haute et noble famille... celui-là surtout... seul et dernier de sa race...

AGATHE, *à mi-voix.*
Oui, sans doute... mais on trouve ici qu'il y a une tache à son blason. Il s'est battu pour la France... il a servi l'Empereur... nommé colonel par lui, blessé à la bataille de Dresde... voilà des torts que mon père ne pardonne pas.

MADAME BERTRAND, *souriant.*
Je comprends... lui qui est toujours resté pur, fidèle... et à ne rien faire!..

SCÈNE V.

Les mêmes, M. RIGOBERT.

RIGOBERT, *sortant de l'auberge avec le domestique.*

M. le duc ne peut pas me recevoir ce matin? Dites-lui que ce sera pour ce soir.... j'attendrai.... j'en ai l'habitude... je ne fais que cela depuis vingt ans !.. (*Le domestique rentre au château.*)

RÉCITATIF.

MADAME BERTRAND, *poussant un cri.*
C'est monsieur Rigobert!..

RIGOBERT, *de même.*
C'est madame Bertrand !
Mon bon ange! et mon talisman!
(*Déclamant les vers de Racine.*)
« Oui, puisque je retrouve un cœur aussi fidèle,
« Ma fortune va prendre une face nouvelle ! »

MADAME BERTRAND, *bas à Agathe.*
Joliment!

AGATHE.
Quel est donc ce franc original?

MADAME BERTRAND.
Je ne l'ai jamais su!

AGATHE.
Quoi? vraiment?

MADAME BERTRAND.
C'est égal!

Premier Couplet.
Le faste l'importune,
Il va toujours à pié ;
Fidèle à l'infortune,
Fidèle à l'amitié !...
Il est aujourd'hui comme
On le voyait hier,
C'est un singulier homme
Que M. Rigobert !

RIGOBERT.
Deuxième Couplet.
Toujours content, sur terre,
Des hommes et du temps !
Quand le sort m'est contraire
Sans me plaindre... j'attends!..
Que le sort me sourie,
Je n'en suis pas plus fier...
C'est la philosophie
Du pauvre Rigobert.

ENSEMBLE.

LES DEUX FEMMES.
Discret, sage économe,
Heureux et jamais fier,
Ah ! le singulier homme
Que M. Rigobert!

RIGOBERT.
Il est aujourd'hui comme
On le voyait hier...
C'est un singulier homme,
Que M. Rigobert !

AGATHE.
Vous vous connaissez donc depuis longtemps?

RIGOBERT.
Si je la connais, ma belle demoiselle !.. je crois, parbleu ! que j'en ai été amoureux... d'abord par reconnaissance... imaginez-vous..

MADAME BERTRAND, *l'interrompant.*
C'est bon, M. Rigobert, on n'a pas besoin de dire ces choses-là.

RIGOBERT, *passant entre elles.*
Vous, peut-être... mais moi... j'ai besoin de les répéter et de proclamer mes dettes... jusqu'ici, d'ailleurs, je n'ai pas encore eu d'autre moyen de les payer. Figurez-vous, mademoiselle, qu'il y a une vingtaine d'années, moi, Allemand, et jeune, alors, j'étais venu pour mon plaisir à Paris... ville charmante et folle, qui avait alors une folie furieuse... la moitié de la nation tuait ou emprisonnait l'autre! Je fus de l'autre moitié... quoique étranger, on me traita en compatriote! Je comprenais peu le français d'alors... mais il me semblait absurde d'être prisonnier sous le règne de la liberté!.. je trouvai bon de m'évader... on le trouva mauvais... et l'on me poursuivait, le sabre au poing, de rue en rue, lorsque une boutique basse et enfumée s'offrit à moi... c'était celle d'une charbonnière...

AGATHE, *montrant madame Bertrand.*
La sienne?

MADAME BERTRAND.
Ça suffit!

RIGOBERT.
Non... ça ne suffit pas... elle me sauva, elle me cacha pendant six semaines... moi, qu'elle ne connaissait pas... exposant sa vie... et celle de son mari...

MADAME BERTRAND.
Un brave homme, celui-là...

RIGOBERT.
Parbleu !.. sans cela, je vous aurais adorée, mère Bertrand... ou du moins, je vous l'aurais dit. (*A Agathe.*) Et ce n'est rien encore... six ans après... en Allemagne, où j'avais eu autrefois beaucoup d'amis... pas un seul ne voulait me prêter un millier de florins, dont j'avais besoin... quand je rencontre, moi, à pied, sur la grande route, madame Bertrand et son mari, dans leur petite carriole d'osier.

MADAME BERTRAND.
Où nous vous offrîmes une place... le beau mérite!

RIGOBERT.
Et, dans un vieux portefeuille de cuir rouge, que j'ai gardé, quatre mille livres...

MADAME BERTRAND.
Que par votre travail, vous nous avez rendues, en deux ans.
RIGOBERT.
Et qu'est-ce que ça fait? croyez-vous pour ça, que nous soyons quittes?.. non vraiment! Je vous déclare ici que je n'entends pas mourir insolvable... et que si jamais.. Tenez... tenez... qu'est-ce que veut ce brave homme, qui vous fait des signes?..
(*Voyant Jérôme sur la porte de l'auberge.*)
MADAME BERTRAND
C'est Jérôme, mon premier commis!
AGATHE.
Adieu, madame Bertrand, ce que je viens d'apprendre redouble mon estime pour vous!.. vous verrez M. d'Aspremont... et quoi que vous ayez à lui dire, demandez sans crainte, il vous l'accordera... je vous le promets. (*Elle rentre par la grille du parc en saluant Rigobert.*)

SCÈNE VI.

MADAME BERTRAND, RIGOBERT, JÉROME.

MADAME BERTRAND.

Ah! la brave et noble demoiselle... qu'à défaut de son père, dieu lui donne le mari qu'elle désire... et si ça ne dépendait que de moi... (*A Jérôme qui s'approche.*) Que viens-tu m'annoncer?..
JÉROME.
Que la carriole est prête.
RIGOBERT.
La carriole d'osier?
MADAME BERTRAND.
Toujours la même! (*A Jérôme*) Je ne pars que demain; va remiser...
JÉROME, *d'un air découragé.*
Je le veux bien... mais, vrai, madame Bertrand, ça m'effraie! à chaque instant, une nouvelle idée! quant à celle de tout à l'heure, elle est là... (*Montrant son gousset.*)
MADAME BERTRAND.
C'est bon!
JÉROME.
Je l'ai rachetée... mais je n'ai pu la remettre au propriétaire... attendu que pour avoir chassé dans les bois communaux, les gendarmes...
MADAME BERTRAND.
Il y en a ici?
RIGOBERT.
Il y en a partout... les progrès de la civilisation.
JÉROME.
Les gendarmes l'ont mis lui-même en gage chez le bourguemestre... (*Lui rendant la montre.*) Voilà l'objet en question... montre d'argent... guillochée, avec un chiffre!.. bassinoire de la plus haute antiquité!
MADAME BERTRAND, *qui a regardé la montre avec la plus grande émotion et portant la main à son cœur.*
Ah! mon Dieu!...
JÉROME.
Qu'avez-vous donc?..
MADAME BERTRAND.
C'est bien à ce jeune soldat?
JÉROME.
Souvenir de famille, à ce qu'il dit!
MADAME BERTRAND.
Je veux le voir... je veux lui parler à l'instant!
JÉROME.
Il est en prison!
MADAME BERTRAND.
N'importe!
JÉROME.
Pour une amende!
MADAME BERTRAND.
Paie-la...
JÉROME.
Il s'agit de cent écus!
MADAME BERTRAND.
Fût-ce du double... paie la vite... et reviens... m'as-tu entendu?..
JÉROME, *plus étonné.*
Tenez... Madame Bertrand, ça ne peut pas durer comme ça... vous que j'ai toujours vue raisonnable jusqu'ici... ça me change toutes mes habitudes!..
MADAME BERTRAND, *hors d'elle-même.*
Ah! tu me fais mourir d'impatience... ne sais-tu plus m'obéir?
JÉROME.
Toujours... toujours... et j'y cours!.. (*Il sort.*)

SCÈNE VII.

MADAME BERTRAND, RIGOBERT.

RIGOBERT.

Il a raison, ce garçon... vous que rien ne troublait, vous que j'ai vue de sang-froid, au milieu des plus grands dangers... je ne vous reconnais plus... on dirait que vous vous trouvez mal... (*Lui frappant dans les mains.*) Eh bien! madame Bertrand... qu'est-ce que c'est donc que ça?..
MADAME BERTRAND.
Pardon! pardon! je n'ai pas été maîtresse d'un premier mouvement... moi, qui avais résisté à tant de douleurs, j'ai manqué me laisser vaincre par la joie. Me voilà, mon ami, me voilà... je reviens à moi... prête à tout supporter avec calme... même la perte de mes illusions!
RIGOBERT.
Qu'est-ce que cela signifie?..

MADAME BERTRAND.

Ah ! je puis vous dire, à vous, toutes mes craintes et mes souffrances !...

RIGOBERT.

Je l'espère bien... votre fortune est à vous, mais vos chagrins, nous partagerons, s'il vous plaît.

MADAME BERTRAND.

J'accepte, M. Rigobert, j'accepte... et pour remonter à des temps très éloignés, je ne vous ai jamais dit que quelques jours après votre départ... mon pauvre mari fut dénoncé et accusé...

RIGOBERT.

De m'avoir sauvé !

MADAME BERTRAND.

C'est possible !... Il fallut fuir avec notre enfant, et chercher un asile dans notre pays... la Bretagne, occupée alors par l'armée royaliste... Bertrand prit un fusil et marcha avec les Vendéens... je les suivis ainsi que bien des grandes dames, qui ne voulaient pas plus que moi quitter leurs frères ou leurs maris. Un jour, c'était aux environs de Clisson, arriva un grand désastre ! Écrasés par le nombre, les Vendéens furent dispersés et poursuivis dans tous les sens... Portant mon enfant d'un bras, et de l'autre, soutenant mon mari, dangereusement blessé, je voyais notre perte inévitable... Nous allions être massacrés tous les trois... Mon dieu ! mon dieu ! disais-je à part moi, je mourrai avec mon mari... mais sauvez mon fils !... Dieu m'entendit : car à l'instant, je vis venir à nous sur la grande route, une calèche qui fuyait au grand galop... Je glisse dans les langes de mon enfant ma bourse, ma montre et ma croix d'or... puis, m'écriant : sauvez-le ! je le jette dans la calèche qui disparaît emportant mon trésor !... un autre me restait !... Demeurée seule avec Bertrand, je pansai à la hâte ses blessures, et ranimé par mes soins, il eut la force de gagner un marais voisin où nous restâmes cachés toute la nuit !

RIGOBERT.

Et vous pensiez, alors ?...

MADAME BERTRAND.

A mon fils !... Au point du jour, la cavalerie républicaine avait disparu !... « Courage, mon homme, dis-je à Bertrand, courage ! nous en reviendrons encore ! nous allons gagner la côte et nous trouverons bien quelque pêcheur qui nous prêtera sa barque. » Tout cela arriva comme je l'avais espéré... et le lendemain nous avions quitté la France où il ne nous était plus permis de revenir.

RIGOBERT.

Pauvre femme !

MADAME BERTRAND.

Je ne vous raconterai pas notre existence en pays étranger... actifs, intelligents... nous recommençâmes une petite fortune... De sorte que quand je suis devenue veuve, j'étais déjà riche... et je continuai à travailler pour mon fils... quand je le retrouverais !... mais comment le retrouver... je ne pouvais rentrer en France...

RIGOBERT.

Sans vous exposer à la mort !

MADAME BERTRAND.

Et je ne voulais pas mourir sans embrasser mon fils !... Enfin, après de longues années, de nouvelles révolutions ouvrirent aux exilés la route du pays. Mais alors de quel côté diriger mes recherches ?... Tout ce que je me rappelais, c'est que cette calèche était jaune... avec des armoiries dont je n'avais rien distingué, sinon une bande rouge en travers !... Me voilà donc à Paris, interrogeant tous les blasons... Oh ! que de vaines tentatives !... que d'espérances déçues... Aussi, renfermant mon secret en moi-même, et ne parlant à personne d'un fol espoir qui aurait excité le rire et la pitié... j'allais, j'écoutais, je cherchais toujours ! Une mère, voyez-vous, ça ne se décourage jamais !... Un jour, enfin, chez un vieux marchand de tableaux, que je fournissais autrefois de bois et de charbon, j'aperçois un paysage fort insignifiant du reste... mais au bas du tableau étaient de riches armoiries, portant la bande rouge !... Qu'est-ceci, lui dis-je avec émotion ?... — La vue du château d'Aspremont, en Lorraine. — Les d'Aspremont... où sont-ils ? — Je ne sais... un marquis d'Aspremont a commandé en 93, dans la Vendée... et le dernier rejeton de cette famille sert dans un régiment de la Garde-Impériale ! — Et ce régiment est ici, en Westphalie !

RIGOBERT.

Je comprends... vous avez vu le marquis, et il vous a donné sur votre fils des renseignements...

MADAME BERTRAND, avec joie.

Dont je n'ai plus besoin... j'ai tout découvert sans lui ! cette montre, qui appartient à un jeune soldat de son régiment, est celle de mon mari... son chiffre et le mien... voyez plutôt : je l'avais donnée à mon enfant, avec ma bourse, ma croix d'or... tout ce qu'alors je possédais... et mon enfant, je vais le voir... il est ici, près de moi !...

RIGOBERT.

Est-il possible ?...

~~~~~~~~~~~~~~~~~~~~~

SCÈNE VIII.

LES MÊMES, JÉROME, puis BRINDAMOUR.

JÉROME.

Le voici ! le voici !

RIGOBERT, à madame Bertrand, qui veut s'élancer, et la retenant par la main.

Silence ! vous pouvez encore vous abuser !

MADAME BERTRAND.

Non, non, j'en suis sûre... mais... mais...

ACTE I, SCÈNE VIII.

RIGOBERT, *voyant son embarras.*

Mais... je vous gêne... je vous empêche d'être tout à lui... il fallait donc le dire... je vous laisse.

MADAME BERTRAND, *à voix basse et lui serrant la main.*

Merci !

RIGOBERT, *s'en allant.*

Et de la prudence !
(*Il sort par le fond à gauche après avoir jeté un coup d'œil du côté par où arrive Brindamour.*)

TRIO.

JÉROME *qui, pendant ce temps, regarde à droite, se rapproche de madame Bertrand au moment où Rigobert s'éloigne.*

C'est trois cents francs, hélas qu'il nous coûte !

MADAME BERTRAND.

C'est bon !

JÉROME.

Et, de plus, il veut voir celle qui le délivre.

MADAME BERTRAND.

Pauvre garçon ! Pourquoi tarde-t-il donc ?...

JÉROME.

Il avait grand' peine à me suivre...
Attendu que dans sa prison,
Pour se désennuyer, il buvait en luron...

MADAME BERTRAND.

C'est faux !...

JÉROME.

A preuve qu'il est ivre !
Voyez plutôt...

MADAME BERTRAND.

C'est lui...
(*Elle va pour se jeter dans ses bras et s'arrête, en voyant qu'il se soutient à peine.*)

BRINDAMOUR, *ivre et entrant par la droite.*

Vive le vin du Rhin !
Plus vif et plus malin,
Que le Suresne même !
Guilleret et Piquant,
C'est en fait d'Allemand,
Le seul luron que j'aime !

ENSEMBLE.

MADAME BERTRAND.

Quoi ! c'est lui ! Le voilà !
Voilà le fils que j'aime !
Ah ! je ne sais moi-même
Ce que j'éprouve là !

BRINDAMOUR.

Vive le vin du Rhin ! etc. etc.

JÉROME, *examinant madame Bertrand.*

Devant ce luron-là,
D'où vient ce trouble extrême !
Je n'entends rien moi-même
Au trouble où la voilà !

MADAME BERTRAND, *voulant l'interroger.*

Il va nous expliquer...

BRINDAMOUR, *se soutenant à peine.*

Oui, j'aime qu'on s'explique !

MADAME BERTRAND, *de même.*

Savez-vous !...

BRINDAMOUR.

Oui, je sais que le vin germanique
Vous altère sensiblement !

J'ai soif !...

JÉROME.

Le malheureux !

BRINDAMOUR, *allant à la table à gauche et frappant dessus.*

A boire sur-le-champ !
Pour me désaltérer !...

FLATMANN, *paraissant.*

Terteiff... toutes nos v...
Y passeront !

BRINDAMOUR.

Versez...

FLATMANN.

Non ?...

BRINDAMOUR, *avec colère.*

Non ?...
(*Apercevant quelques soldats de son régiment qui sortent du cabaret.*)
A moi mes braves.
(*Montrant Flatmann.*)
Il veut par un complot,
(*Chancelant d'un air aviné.*)
Dont on voit les effets,
Faire mourir de soif tous les soldats français !

BRINDAMOUR.

Loin que j'endure
Pareille injure,
Ici, je jure
Son châtiment !
C'est une offense
Faite à la France
J'en veux vengeance
Et vivement !

MADAME BERTRAND, *à part*

O voix si pure
De la nature !
Douce imposture,
Rêves charmants !
Ah ! sa présence
Change en souffrance
Douce espérance !
Qu'hélas j'attends !

JÉROME ET LE CHŒUR.

Loin qu'il endure
Pareille injure,
D'avance il jure
Son châtiment !

C'est une offense
Faite à la France !
Il veut vengeance,
Et vivement !

BRINDAMOUR.

Allons, dépêchons-nous, gargotiers allemands !
A boire ! Je le veux !

SCÈNE IX

LES MÊMES, CHARLES.

CHARLES, *sortant de la grille à droite. Il est en chapeau rond, habit noir et porte seulement un petit ruban rouge à la boutonnière.*

Et moi, je le défends.

BRINDAMOUR, *sans le voir.*

Qui parle ainsi ! quel est le téméraire ?...

LES SOLDATS, *près de lui, à voix basse.*

Tais-toi... Tais-toi !...

BRINDAMOUR, *entouré et se débattant.*

Je ne veux pas me taire !

CHARLES, *aux soldats.*

Emmenez-le...

BRINDAMOUR, *criant.*

Je resterai...
J'ai le droit de parler, de boire... et je boirai !

ENSEMBLE.

BRINDAMOUR, *menaçant Charles de loin.*

Loin que j'endure
Pareille injure,
Ici je jure
Son châtiment.
C'est une offense
Faite à la France !
J'en veux vengeance,
Et vivement !

MADAME BERTRAND, *à part, avec douleur.*

O voix si pure
De la nature !
Douce imposture,
Rêves charmants !
Ah ! sa présence
Change en souffrance
Douce espérance !
Qu'en vain j'attends !

CHARLES, *à part, souriant.*

Loin qu'il endure
Pareille injure,
D'avance il jure
Mon châtiment !

C'est une offense
Faite à la France !
Il veut vengeance :
Ah ! c'est charmant !

CHŒUR ET JÉROME.

Loin qu'il endure
Nouvelle injure,
D'avance il jure
Son châtiment !
C'est une offense
Faite à la France !
Il veut vengeance,
Ah ! c'est charmant !

(*A la fin de cet ensemble, Brindamour, dont la colère a toujours été en augmentant, prend le sabre d'un de ses camarades le lève, et s'élance en chancelant sur Charles. Madame Bertrand jette un cri et s'élance entr'eux avec effroi.*)

TOUS LES SOLDATS, *bas à Brindamour, le désarmant.*

Y penses-tu : c'est notre commandant !

BRINDAMOUR.

Lui ! pas possible ! Il n'a pas l'épaulette !

LES SOLDATS, *de même.*

Sur lui, lever le sabre ! Il y va de la tête !

MADAME BERTRAND, *effrayée, courant à Brindamour.*

Ah ! malheureux !...

BRINDAMOUR, *s'avançant sur Charles qu'il regarde attentivement, et le reconnaissant.*

C'est lui ! c'est vrai !... C'est différent !

JÉROME, *le regardant.*

Ah ! cela le dégrise !...

CHARLES, *aux soldats.*

Allez... et qu'on l'arrête !

JÉROME, *soutenant madame Bertrand, qui est près de se trouver mal.*

Eh bien !... c'est elle...

MADAME BERTRAND.

O ciel !...

JÉROME.

Qui chancelle à présent !

ENSEMBLE.

MADAME BERTRAND.

Oh ! nouveaux tourments que j'éprouve
A mon aide, ici, qui viendra ?...
A peine, hélas ! je le retrouve,
Et pour lui je tremble déjà !

BRINDAMOUR, *se dégrisant peu à peu.*

Il me semble que je retrouve
Mon jugement... qui s'en allo...

ACTE 1, SCÈNE X.

Je ne sais pas ce que j'éprouve
La faute en est à ce vin là !

CHARLES, JÉROME, LE CHŒUR.

Sa raison déjà se retrouve
Et bientôt elle reviendra ;
Mais qu'à son réveil il éprouve
La rigueur des lois qu'il brava !

(*A la fin de ce morceau, qui se termine smorzando, les soldats emmènent Brindamour à gauche, Jérôme les suit. Tout le monde se retire. Madame Bertrand reste seule en scène avec Charles.*)

SCÈNE X.

MADAME BERTRAND, CHARLES.

MADAME BERTRAND *retenant Charles qui veut s'éloigner*.

Monsieur, monsieur ! vous êtes son colonel... M. d'Aspremont !

CHARLES.

Oui, ma brave femme !

MADAME BERTRAND, *hors d'elle*.

Et moi, je suis bien malheureuse... Je suis madame Bertrand ! Ah ! mon Dieu ! vous n'avez pas vu mademoiselle Agathe de Champcarville, qui devait me protéger ?..

CHARLES.

Si vraiment !.. car j'arrive du château... Mais vous souffrez... vous êtes malheureuse... il n'y a pas besoin auprès de moi d'autre protection... Parlez, madame, parlez... que puis-je faire pour vous ?..

MADAME BERTRAND.

Ah ! que de bontés ! ce malheureux, ce jeune soldat, il ne me connaît pas... mais moi... (*avec émotion*) par des raisons... des raisons de famille trop longues à vous expliquer... enfin, je m'y intéresse beaucoup.

CHARLES, *lui prenant ses mains tremblantes*.

Je le vois.

MADAME BERTRAND.

Et ce que ses compagnons disaient tout à l'heure... serait-il vrai que pour avoir levé le sabre sur vous ?..

CHARLES, *secouant la tête*.

Mais, oui... la loi est là.

MADAME BERTRAND.

Mais, monsieur, il n'avait pas sa tête... il était gris...

CHARLES.

La loi ne le permet pas !..

MADAME BERTRAND, *tremblante*.

Et vous ferez exécuter la loi ?

CHARLES.

Le roi lui-même ne pourrait faire autrement !..

mais rassurez-vous... moi aussi, j'aime ce pauvre garçon...

MADAME BERTRAND, *avec contentement*.

Oh ! vous l'aimez !.. un bon enfant, n'est-ce pas ?.. un bon soldat ?

CHARLES, *souriant*.

Au contraire... un fort mauvais sujet !

MADAME BERTRAND, *avec douleur*.

Ah ! mon Dieu !

CHARLES.

Toujours à la salle de discipline !... mais je le connais d'enfance... j'ai été presqu'élevé avec lui..

MADAME BERTRAND *vivement*.

Dans votre pays... en Vendée !..

CHARLES.

Oui, madame... Je l'avais pris dans mon régiment pour me charger de son sort... l'élever en grade... et je n'ai jamais pu lui faire passer celui de soldat... Il faut donc qu'il prenne un autre état !

MADAME BERTRAND.

Vous avez bien raison... mais si on le fusille aujourd'hui, pour avoir levé la main sur son colonel, il lui sera difficile...

CHARLES, *à mi-voix*.

Et si le congé que je vais lui donner, est daté d'hier ?

MADAME BERTRAND *avec joie*.

Est-il posssible !

CHARLES.

Silence ! que cela reste entre nous !.. car ce que je fais là n'est pas permis...

MADAME BERTRAND

Permis ou non, c'est bien... c'est très bien, monsieur le colonel.. vous êtes un brave jeune homme... (*se frappant le cœur*) un homme qui a de ça, voyez-vous... ça se voit tout de suite.

CHARLES, *voulant la contenir*.

Madame !..

MADAME BERTRAND.

Ah ! vous ne me connaissez pas !.. un trait pareil me gagne le cœur... Et si jamais... je ne fais pas de phrases... mais madame Bertrand, charbonnière, agit mieux qu'elle ne parle... Et vous pouvez compter sur elle !

CHARLES, *lui serrant la main*.

Merci ! merci, ma nouvelle amie !.. Et pardon si je vous quitte... je vais délivrer le prisonnier... je vous l'envoie, et puis...

MADAME BERTRAND, *d'un air d'intelligence*.

Et puis... mademoiselle Agathe vous attend... Allez, allez... c'est trop juste..

CHARLES.

Quoi ! vous savez ?..

MADAME BERTBAND.

Que vous méritez tous deux tous les bonheurs du monde, et que si je pouvais y contribuer... (*le regardant*) oh ! rien ne me coûterait...

CHARLES, *touché.*
Que vous êtes bonne !
CHARLES, *prêt à sortir, s'arrête en voyant les yeux de madame Bertrand qui restent fixés sur lui, il revient près d'elle.*
Qu'avez-vous donc?.. à quoi pensez-vous?..
MADAME BERTRAND.
A votre mère... qui doit être bien heureuse!.....
CHARLES, *avec un soupir.*
Je ne l'ai jamais vue !..
MADAME BERTRAND.
Ah!.. Quel malheur pour vous!.. et surtout pour elle! Adieu! monsieur... adieu! (*Charles sort par la gauche, du côté où l'on a emmené Brindamour*).

SCÈNE XI.

MADAME BERTRAND, *seule.*

Qu'il est bien! quel air distingué! Ah! voilà le fils que j'avais rêvé... et dire que le mien... (*avec un soupir*). Allons, c'est égal... ce pauvre garçon! ce n'est pas sa faute... ni la mienne!.. mais, avant tout, il faut que je le voie... que je lui parle... enfin que je fasse sa connaissance... car jusqu'ici... c'est lui... le voilà...

SCÈNE XII.

MADAME BERTRAND, BRINDAMOUR, *entrant par la gauche.*

BRINDAMOUR, *la pipe à la main. Il n'est plus gris, mais il a un reste de pesanteur dans la tête.*

(*A la cantonade*) En vous remerciant, mon colonel, en vous remerciant!.. Au diable la giberne, et vivent les pékins!.. j'en suis!.. j'ai mon congé.. (*saluant madame Bertrand*). Ah! voilà une figure de connaissance... mais quand je l'ai vue, je ne sais pas trop dans quel pays j'étais.
MADAME BERTRAND *d'un ton de reproche.*
Dans un pays... où l'on se grise!
BRINDAMOUR, *allumant sa pipe.*
C'est possible... j'y vais quelquefois.
MADAME BERTRAND.
Et maintenant que vous avez votre congé, que prétendez-vous faire?..
BRINDAMOUR.
Quand on a toujours été dans la cavalerie, il est humiliant de se trouver à pied... et j'ai une idée qui me sourit. Il y a ici une poste à vendre... et maître de poste, ça me va... ça tient le milieu entre le civil et le militaire.

MADAME BERTRAND.
Mais une poste, c'est cher?..
BRINDAMOUR.
Celle-ci est pour rien... Vingt mille florins à réunir!..
MADAME BERTRAND.
Et vous les avez?..
BRINDAMOUR.
Pas un au rendez-vous!.. mais j'ai deux moyens: le premier c'est d'épouser la veuve, madame Clakmann, la maîtresse de poste... qui, depuis trois mois que je suis ici, en garnison... m'a distingué... et de reste !
MADAME BERTRAND.
Vous la trouvez jolie ?
BRINDAMOUR.
Quand je bois !
MADAME BERTRAND, *souriant.*
C'est-à-dire qu'habituellement... elle vous semble charmante... et que vous l'aimez?..
BRINDAMOUR, *fumant.*
Comme la retraite de Moscou.
MADAME BERTRAND
Et vous voulez l'épouser? c'est mal! c'est très mal..
BRINDAMOUR.
Vous croyez?.. le fait est qu'elle n'est pas très bien !... vous aimeriez mieux mon autre moyen... et moi aussi.
MADAME BERTRAND.
Lequel?
BRINDAMOUR.
D'emprunter à mon colonel !
MADAME BERTRAND.
M. le marquis d'Aspremont?
BRINDAMOUR.
Lui-même.
MADAME BERTRAND.
A qui vous devez déjà la vie... et votre congé?..
BRINDAMOUR, *fumant toujours.*
Tiens! il me doit bien ça !..
MADAME BERTRAND.
Et pourquoi?
BRINDAMOUR.
Parce que nous sommes frères de lait... parce que nous avons grandi ensemble... parce que mon père... le père Gervais, tonnelier à Clisson, dans la Vendée, a recueilli chez lui M. le marquis, le jour où, pas plus haut que ça, il est arrivé dans sa calèche...
MADAME BERTRAND, *vivement.*
Une calèche?.. un enfant?.. que dites-vous?..
BRINDAMOUR.
Qu'est-ce qu'elle a donc, cette femme?
MADAME BERTRAND.
Parlez... parlez... ce n'était pas vous qui étiez dans cette voiture?

Les doux effets !
Que l'amitié les guide,
Et préside
A nos banquets !
TOUS.
Qu'aujourd'hui brille
Refrain joyeux !
C'est en famille
Qu'on est heureux !
(On se lève.)

SCÈNE II.
LES MÊMES, UN DOMESTIQUE.

LE DOMESTIQUE, *rentrant avec un paquet de lettres et des journaux, et pendant que d'autres valets enlèvent la table.*
Quelqu'un qui attend depuis longtemps dans l'antichambre, demande une audience à M. le duc, quand il sortira de table.
LE DUC, *brusquement, et prenant les papiers que lui présente le domestique.*
Je ne donne pas d'audience après mon dîner... demain... après demain... qu'il attende...
CHARLES, *timidement.*
Et si lui-même attendait cette audience...
MADAME BERTRAND.
Pour dîner ?..
CHARLES.
C'est possible !.. (*au domestique*) Quel air a-t-il ?
LE DOMESTIQUE.
Un air... assez modeste !...
CHARLES.
Et nous qui sommes si heureux dans ce moment...
AGATHE.
Oui, mon père, recevez-le, je vous en prie...
CHARLES.
Et accordez-lui sa demande, quelle qu'elle soit.
AGATHE.
Pour mon présent de noces...
MADAME BERTRAND, *à part, les regardant.*
Sont-ils gentils !
LE DUC, *avec impatience et parcourant les papiers qu'on lui a remis.*
Je le voudrais, que cela me serait impossible, en ce moment du moins... car voici des journaux, des lettres de France, qui m'arrivent... (*en présentant quelques-unes à Charles.*) Pour vous aussi, mon gendre !
AGATHE, *répétant avec joie.*
Mon gendre !
CHARLES, *voulant mettre les lettres dans sa poche.*
Moi, j'ai le temps ! je dois d'abord causer avec cette brave femme, qui a des renseignements à me demander...

MADAME BERTRAND.
Vos affaires avant tout..... rien ne presse !....
(*A part.*) Je resterai ici plus longtemps. (*Haut*) Allez, allez... je vous en prie... (*regardant le duc et lui montrant la porte..*) Et pourvu qu'on reçoive aussi ce pauvre diable qui attend...
AGATHE, *au duc, d'un ton caressant.*
Oui, mon père, après vos journaux... je vais vous les lire. (*bas à madame Bertrand.*) Et le plus vite possible !
LE DUC, *fesant signe au domestique.*
Eh bien ! soit ! qu'il entre ! nous le verrons plus tard...
AGATHE.
Que de bonté ! (*à madame Bertrand*) Adieu, madame ! (*fesant une révérence à Charles, qui entre par la porte à gauche.*) Adieu, monsieur Charles ! (*elle sort avec son père par la droite.*)
CHARLES, *à madame Bertrand, en sortant.*
A bientôt.
MADAME BERTRAND.
Ne vous pressez pas; lisez... lisez... des lettres de France !...

SCÈNE III.
MADAME BERTRAND, LE DOMESTIQUE, RIGOBERT.

LE DOMESTIQUE, *annonçant.*
M. Rigobert ! (*Il sort.*)
MADAME BERTRAND.
Ah ! c'est vous !...
RIGOBERT, *froidement.*
Oui, morbleu ! toujours moi... Je sais que, de sa nature, un grand seigneur doit être un peu impertinent... c'est de droit, c'est de naissance !.. mais celui-ci use trop de ses priviléges !...
MADAME BERTRAND.
Il faut l'excuser... sa fortune qu'il retrouve... un mariage qui va se faire... voilà bien des embarras !. et sans son gendre, (*avec exaltation*) car c'est ce bon, cet excellent jeune homme qui l'a forcé à vous recevoir, et à m'inviter à dîner.,. (*avec joie*) j'ai dîné avec eux !
RIGOBERT.
En vérité ?... c'est bien ! et ça lui comptera... mais ça n'empêche pas que M. le duc n'ait besoin d'une leçon de politesse, et je vais la lui donner...
MADAME BERTRAND.
Vous ?... et comment cela ?...
RIGOBERT.
Cela me regarde.
MADAME BERTRAND.
Faire un esclandre, le jour où il marie sa

fille!... car il la marie à quelqu'un qui est si aimable!...

RIGOBERT, *brusquement.*
Ce mariage ne se fera pas...

MADAME BERTRAND, *effrayée.*
Comment, il ne se fera pas!... et qui l'empêchera, je vous prie?

RIGOBERT, *froidement.*
Moi!

MADAME BERTRAND.
Vous, monsieur Rigobert!...

RIGOBERT, *de même.*
Je viens pour ruiner le duc!

MADAME BERTRAND.
Le ruiner!

RIGOBERT.
De fond en comble!

MADAME BERTRAND.
Et comment?

RIGOBERT.
C'est mon secret. Si M. de Champcarville avait été bon... affable, j'aurais peut-être hésité... mais puisqu'il ne fait pas un meilleur usage de la position que le ciel vient de lui rendre, je la lui ôte de nouveau ; et pour supprimer la fortune et la dot de sa fille, je n'ai qu'un mot à dire.

MADAME BERTRAND.
Et ce mot, vous le direz?...

RIGOBERT.
Oui, parbleu!

MADAME BERTRAND.
Sans regret?

RIGOBERT.
Avec un pareil comte de Tuffière!.. Je crois bien! (*regardant madame Bertrand qui se trouble.*) Eh! mais... qu'avez-vous donc?..

MADAME BERTRAND.
Ecoutez-moi, mon bon monsieur Rigobert... vous êtes un digne, un honnête homme, qui m'avez dit souvent... Mère Bertrand, je vous dois la vie... et n'importe le jour, n'importe l'heure, quand vous aurez besoin de moi, parlez, demandez hardiment, je ferai pour vous tout ce que vous voudrez...

RIGOBERT, *vivement.*
Et je le dis encore, morbleu!

MADAME BERTRAND, *lui serrant la main.*
Eh bien! je vous prends au mot... ne ruinez pas le duc!

RIGOBERT, *étonné.*
Pourquoi?

MADAME BERTRAND
Je vous en prie!

RIGOBERT.
Mais quel intérêt pouvez-vous porter à un insolent, un orgueilleux!

MADAME BERTRAND, *vivement.*
Mon bonheur et ma vie en dépendent!

RIGOBERT.
Votre vie!... Comment cela?

MADAME BERTRAND, *souriant.*
Ah! dame! vous avez vos secrets... j'ai les miens!

RIGOBERT.
C'est juste... à la bonne heure!... vous le voulez? je n'ai qu'une parole... je ne verrai pas le duc... je ne dirai rien.

MADAME BERTRAND, *avec élan.*
Ah! mon ami!..

RIGOBERT.
Il faut que ce soit vous, au moins. J'avais une revanche à reprendre... Et j'étais enchanté!.. mais après tout, il n'y aurait pas de plaisir à obliger ses amis, si cela ne coûtait rien! Et pour être plus sûr de moi, je m'en vais, je pars à l'instant pour Andernack, où j'ai quelques signatures à donner à la Chancellerie... Demain, je vous ferai mes adieux en repassant... et...

MADAME BERTRAND, *l'accompagnant*
Non... après le mariage, nous partirons ensemble.

RIGOBERT.
Avec votre fils, ce soldat, ce luron toujours si altéré?

MADAME BERTRAND, *avec embarras.*
Non!.. sans lui!.. Et si vous voulez me faire plaisir, n'en parlons plus!

RIGOBERT.
Je le conçois. Ce n'est pas là ce que vous espériez... et ce que vous méritiez...

MADAME BERTRAND, *avec joie.*
Ah! je ne me plains pas!

RIGOBERT, *secouant la tête.*
N'importe... si je peux lui être utile... lui avoir quelque place!

MADAME BERTRAND.
Comme vous voudrez... mais en fait de place, vous savez que j'en ai toujours une pour vous, dans ma carriole d'osier.

RIGOBERT, *avec une arrière-pensée.*
J'accepte... à demain! et... (*La regardant.*) C'est égal... vous êtes une drôle de femme!

MADAME BERTRAND, *avec âme.*
Et vous un bien brave homme! (*Rigobert sort.*)

SCÈNE IV.

MADAME BERTRAND, PUIS JÉROME.

MADAME BERTRAND, *à elle-même.*

Empêcher le mariage de mon fils... quand je suis là! ah! bien! oui... pauvres enfants! ce serait les tuer! (*Apercevant Jérôme qui entre l'air sombre* et mécontent.) Ah! c'est toi, Jérôme... Eh bon dieu! quelle figure chagrine et renfrognée! tu n'as pas l'air content!

JÉROME, *d'un ton composé.*

Je le suis médiocrement!.. j'étouffe.

MADAME BERTRAND.

Bon !

JÉROME.

Tenez, madame Bertrand, il faut que je vous parle. Il faut que vous écoutiez les remontrances d'un ami !

MADAME BERTRAND.

Qu'est-ce encore ?

JÉROME.

Je sais tout... Il y a quelques heures, vous avez rencontré à l'Aigle-Blanc Samuel Dietrick, le plus riche joaillier de la ville de Cassel... qui y retournait...

MADAME BERTRAND.

C'est vrai... je n'y pensais plus!..

JÉROME.

Vous lui avez commandé, pour ce soir même, 60,000 florins de diamans ; et une riche corbeille de noce... (*Voyant que madame Bertrand va parler.*) Il m'a tout raconté... à moi qu'il croit toujours votre homme de confiance !..

MADAME BERTRAND, *avec vivacité.*

Eh bien ! Est-ce arrivé à l'auberge ?

JÉROME, *avec colère.*

Non... cent fois non...

MADAME BERTRAND, *vivement et regardant la pendule.*

Et cela devrait l'être... Il n'y a qu'une heure de chemin d'ici à Cassel... Il faut y courir... Prends un cheval et une voiture.

JÉROME, *avec fureur.*

Jamais! jamais!.. Plutôt mourir ! car je vous ai devinée... c'est une noce qui se prépare...

MADAME BERTRAND, *inquiète.*

Comment ?

JÉROME.

C'est la vôtre... vous voulez vous marier.

MADAME BERTRAND.

Moi ?

JÉROME.

Oui, oui... n'essayez pas de le nier. Je vous ai observée. Je conçois qu'à votre âge on s'ennuie d'être seule... mon dieu ! je ne suis pas ridicule... mais alors, on prend quelqu'un de sage, de convenable... ça peut se trouver!.. (*avec un air de dédain.*) Et non pas...

MADAME BERTRAND, *avec impatience.*

Qui donc ?..

JÉROME.

Vous le savez mieux que moi... et je ne me suis pas gêné pour lui dire à lui-même... ma façon de penser. C'est qu'il ne me fait pas peur, au moins ! quoiqu'il parle de tuer tout le monde...

MADAME BERTRAND, *avec impatience.*

Mais qui?... qui donc?...

JÉROME, *prêt à parler.*

Qui ? (*Voyant Brindamour qui paraît au fond.*) Je ne vous le dirai pas!...

MADAME BERTRAND, *lui tournant le dos.*

Eh bien ! va te promener. Je suis bien bonne d'écouter les sottises, quand j'ai autre chose en tête. (*A part, regardant la pendule.*) Et puisque tu refuses de partir!... qui donc envoyer?... (*Elle réfléchit.*)

~~~~~~

SCÈNE V.

LES MÊMES, BRINDAMOUR, (*tenue militaire soignée, ton sage et composé.*)

BRINDAMOUR, *au fond, s'adressant à Jérôme.*

Vrai ! je n'y songeais pas... et, sans vous, camarade, je ne m'en serais jamais douté,

JÉROME, *à part.*

Maladroit que je suis.

BRINDAMOUR, *regardant madame Bertrand.*

Elle est encore très bien, cette femme? Et puisque vous m'assurez qu'elle a des intentions... (*Portant la main à son sabre.*) Ne l'influencez pas, ou sinon.... (*S'approchant d'un air galant de madame Bertrand, qui s'est assise à la table à droite, pour écrire.*)

TRIO.

BRINDAMOUR.

Souffrez que la reconnaissance
Me retienne ici de planton.

MADAME BERTRAND, *distraite et le regardant.*

Ah! c'est toi, mon pauvre garçon !

JÉROME, *à part.*

Voyez-vous, comme, en sa présence,
Elle adoucit soudain le ton !

ENSEMBLE, *à part.*

BRINDAMOUR.

Quelle aventure !
C'est ma tournure
Qui, je le jure,
Me vaut son cœur!

2

Le militaire
Sait toujours plaire :
Belle, on va faire
Votre bonheur!

JÉROME.
Quelle aventure !
C'est sa figure
Qui, je le jure,
Séduit son cœur !
Mais ma colere,
Il faut la taire :
Le militaire
Est ferrailleur !

MADAME BERTRAND, *à part, se levant.*
Riche parure
Pour sa future
Va, je le jure
Charmer son cœur.
Et moi, sa mère,
L'aimer, lui plaire,
L'aimer, lui plaire
C'est mon bonheur !

MADAME BERTRAND, *regardant la pendule, puis Brindamour.*
C'est là ce qu'il me faut !...
(*Elle retourne à la table et écrit.*)
JÉROME, *avec effroi.*
O ciel !

BRINDAMOUR.
Pour être honnête,
Avec la Clakmann j'ai rrrompu...
(*D'un air fat.*)
C'était vraiment une conquête
Que j'avais faite... à mon insu...
(*Appuyant.*)
J'ai rrrompu !...

MADAME BERTRAND, *écrivant, sans l'écouter.*
C'est bien !...
BRINDAMOUR, *à part.*
Ça la flatte.
JÉROME, *à part.*
O l'enjôleur !...

BRINDAMOUR.
Et quant.. à la poste aux chevaux,
Pour consoler la veuve de ses maux,
Comme j'ai l'âme délicate,
Je l'achète... à crédit, s'entend !

JÉROME, *à part, regardant madame Bertrand.*
C'est-à-dire, avec son argent !
BRINDAMOUR, *à madame Bernard, d'un air agréable.*
Si toutefois ça doit vous plaire...
Car avant tout, mon général,
(*Portant la main à son front, en souriant*)
A vos ordres... sur l'eau, sur terre,
A vous à pied, comme à cheval !

MADAME BERTRAND, *levant la tête.*
Oui, je le suis... tu montes à cheval ?...

BRINDAMOUR.
Comme un chasseur...
MADAME BERTRAND,
C'est ce qu'il faut.
JÉROME, *frappant du pied.*
Morbleu !...
BRINDAMOUR, *à part.*
Je la mène au galop !

ENSEMBLE.

BRINDAMOUR.
Quel aventure ! etc.
JÉROME.
Quelle aventure ! etc.
MADAME BERTRAND.
Riche parure, etc.
(*Mouvement plus vif.*)
MADAME BERTRAND, *à Brindamour en se levant.*
Un service à me rendre ?...
BRINDAMOUR.
Plutôt deux... Je suis prêt !
MADAME BERTRAND.
Un cheval...
BRINDAMOUR.
J'en vais prendre
Plutôt deux... Je suis prêt !...
MADAME BERTRAND.
A Cassel... ventre à terre...
BRINDAMOUR.
Ventre à terre... C'est fait !
MADAME BERTRAND, *montrant sa lettre.*
Pour porter ce billet.
BRINDAMOUR.
Un billet !...
JÉROME.
Un billet !...
BRINDAMOUR, *à part.*
C'est déjà le notaire !
MADAME BERTRAND.
A Dietrick... bijoutier !...
BRINDAMOUR.
Je comprends..
(*A part.*) C'est pour moi !... des présents !
MADAME BERTRAND.
Puis, toujours ventre à terre...
BRINDAMOUR.
Et toujours ventre à terre...
MADAME BERTRAND.
Tu me rapporteras
Ce que tu recevras...
BRINDAMOUR, *amoureusement.*
On n'y manquera pas !

ACTE II, SCÈNE VI.

MADAME BERTRAND.
Ne dis rien à personne !
JÉROME.
A personne...
BRINDAMOUR.
A personne !
MADAME BERTRAND.
Sois discret...Je l'ordonne...
Porte tout... à l'hôtel.
BRINDAMOUR.
Suffit, mon colonel...
JÉROME, *n'y tenant plus.*
Mais pourtant ?..
MADAME BERTRAND.
Laisse moi !..
JÉROME.
Mais enfin...
MADAME BERTRAND.
Ah ! tais toi !

ENSEMBLE.

MADAME BERTRAND.
Allons, pars au galop
Et reviens aussitôt
Silence et prudence !
Et la récompense
Te suivra bientôt !
Allons, pars au galop
Au galop, au galop,
BRINDAMOUR.
Oui, je pars au galop,
Et reviens aussitôt !
Pour moi quelle chance !
L'amour, je le pense,
Mènera bientôt
Ses écus au galop.
Au galop, au galop ! (*Il sort.*)
JÉROME.
Son cœur part au galop,
Et s'enflamme aussitôt !
Ah ! quelle imprudence !
L'ivrogne, je pense,
Mènera bientôt
Ses écus au galop,
Au galop, au galop !

SCÈNE VI.

MADAME BERTRAND, JÉROME.

JÉROME, *suffoquant de colère.*

Ah ! c'est trop fort... et puisqu'il n'est plus là, je parlerai.

MADAME BERTRAND, *étonnée.*
Comment ?..
JÉROME.
Il m'a dit qu'il me tuerait, si je vous influençais... mais ça m'est égal !.. j'aime encore mieux qu'il me tue, que de vous laisser faire une pareille extravagance.

MADAME BERTRAND.
Ah ! ça, as-tu perdu la tête ? es-tu fou ?
JÉROME.
C'est possible, mais du moins je ne suis pas aveugle... et tout ce que vous avez fait pour lui... cette montre, ces trois cents francs... fi ! madame Bertrand ! une femme raisonnable... et jusqu'à votre émotion, tantôt, en lui parlant... tout cela est clair comme le jour... tout cela indique...

MADAME BERTRAND, *vivement.*
Quoi ?
JÉROME, *éclatant.*
Que vous en êtes éprise... que vous voulez l'épouser...
MADAME BERTRAND.
Qui ?
JÉROME.
Ce chenapan !
MADAME BERTRAND, *riant.*
Brindamour ? ah ! ah ! ah ! (*Elle se renverse dans un fauteuil en riant comme une folle.*) Ah ! ah ! ah ! ah !
JÉROME *stupéfait.*
Tiens !.. elle rit toujours...
MADAME BERTRAND, *riant toujours.*
Imbécile !
JÉROME.
Imbécile !.. ah ! ce mot-là me fait du bien... vous n'y pensiez donc pas ?
MADAME BERTRAND. *se remettant.*
Jamais... par exemple !
JÉROME, *respirant.*
Mais cette commission que vous venez de lui donner ?..
MADAME BERTRAND.
Je la lui paierai... un bon pourboire ! et tout sera dit. Eh bien ! es-tu rassuré ?..
JÉROME, *avec hésitation.*
Non, parce que ce trouble, cette agitation où je vous vois depuis ce matin... cette corbeille de noce... Bien sûr, madame Bertrand, (*Mettant la main sur son cœur.*) vous avez là quelque chose d'incohérent... (*La voyant regarder de côté et d'autre.*) Vous ne tenez pas en place... chaque porte qui s'ouvre... chaque personne qui entre, ça vous fait faire un saut sur votre chaise.
MADAME BERTRAND, *se levant brusquement et courant regarder à la porte de gauche qui est restée entr'ouverte.*
C'est lui... je le vois d'ici...
JÉROME, *la voyant en se retournant.*
Bon ! encore !.. qu'est-ce qu'elle a ? qu'est-ce qui lui prend ?..
MADAME BERTRAND, *à elle-même admirant son fils.*
Quel air noble et distingué !

JÉROME, *lui voyant faire des gestes d'admiration.*
Voilà la tête qui part... mais qui donc?.. (*Il remonte pour regarder.*)
MADAME BERTRAND, *essuyant une larme.*
Ah! que je suis heureuse!..
JÉROME, *à part.*
Le jeune marquis! (*Avec effroi.*) Ah! mon Dieu! étais-je bête! ce n'était pas l'autre! c'est celui là!
MADAME BERTRAND.
Le voilà!. viens... non... va-t-en... laisse moi!..
JÉROME.
Seule avec lui!..
MADAME BERTRAND.
Retourne à l'*Aigle-Blanc*, et dès que Brindamour sera revenu... dis à Louisa, la fille d'auberge, de faire ce que je lui ai recommandé... Mais va-t-en donc... c'est lui, te dis-je!
JÉROME, *fâché.*
On y va! on y va! elle ne sait plus ce qu'elle veut... elle en est folle!.. une si bonne tête!.. pour le commerce! (*Montrant son cœur.*) Ça me fait de la peine... non... c'est de la rage. (*Rencontrant un regard de madame Bertrand.*) Je m'en vas...

(*Sur la ritournelle des couplets suivants, Jérôme sort par le fond, et Charles entre en rêvant, par la porte à gauche.*)

SCÈNE VII.

MADAME BERTRAND, CHARLES, *entre vivement tenant une lettre à la main, et s'arrête au moment d'entrer chez le duc.*

MADAME BERTRAND, *parlant sur la ritournelle.*
Qu'a-t-il donc? cette lettre? serait-ce celle qui lui est arrivée de France!
CHARLES.

Premier Couplet.

O loi sévère! arrêt terrible
Contre lequel je lutte en vain :
Non, cet hymen n'est plus possible
Et je dois subir mon destin!
Hélas! tout espoir m'abandonne,
Car si j'interroge mon cœur
Il me répond : l'honneur l'ordonne,
Il faut renoncer au bonheur!

MADAME BERTRAND, *à part en l'observant.*
Il est triste... il soupire.
CHARLES.

O doux projets, qu'en mon ivresse
J'avais formés pour l'avenir!
Songe heureux! rêves de tendresse
Pour jamais je dois vous bannir!
Adieu! tout espoir m'abandonne
Et fuit déjà loin de mon cœur!
L'honneur le veut, l'honneur l'ordonne,
Il faut renoncer au bonheur!

MADAME BERTRAND, *le voyant essuyer une larme.*
Il pleure!.. ah! je n'y tiens plus! (*Courant à lui.*) Qu'est-ce que tu as donc, mon garç... (*S'interrompant.*) Qu'est-ce que vous avez donc, M. le marquis?
CHARLES.
Ah! madame Bertrand!
MADAME BERTRAND.
Vous que je croyais si content, si joyeux! vous auriez du chagrin?..
CHARLES.
Oui, oui... je l'avoue!.. mais cela ne peut vous intéresser, parlons de vous... de ce qui vous amène... de ce que vous avez à me demander...
MADAME BERTRAND.
Du tout! du tout... à mon âge, on sait souffrir.. on y est habitué... mais au vôtre!.. Pardon de me mêler de ce qui ne me regarde pas. . mais je suis comme ça... voyez-vous! une bonne femme! toute simple, toute franche... et quand je vois un jeune homme tourmenté, malheureux... je n'y tiens pas... il faut que je sache ce qu'il a et que je tâche de le consoler.
CHARLES, *lui serrant les mains.*
Merci!.. merci.. car je n'ai personne hélas! pas même une famille, à qui confier mes peines...
MADAME BERTRAND, *vivement.*
Eh bien! me voilà, moi, M. Charles... contez-moi cela! quoique charbonnière, on peut donner un bon conseil... (*Baissant la voix d'un air de bonhomie.*) Voyons... est-ce que ce mariage ne vous rend pas aussi heureux...
CHARLES.
Ah! c'était toute ma joie... toute mon existence!.. mais me voilà obligé de le refuser...
MADAME BERTRAND.
Comment cela?
CHARLES.
M. de Champcarville est riche... on lui rend tous ses biens qui avaient été réunis au domaine de l'État... et nous espérions que ma fortune aussi me serait restituée... Point du tout... les propriétés de la famille d'Aspremont ont été vendues dans le temps et achetées par d'autres personnes qui les ont bien payées... c'est trop juste!... une lettre que je reçois de Paris (*La tirant de sa poche.*) me l'apprend, et l'on ne peut revenir là-dessus...
MADAME BERTRAND, *à part, avec joie, pendant que Charles lit tout bas.*
Tant mieux?.. il ne devra aux d'Aspremont... rien, que son nom... c'est déjà trop!..
CHARLES, *froissant la lettre dans ses mains.*
Et alors, comment puis-je, sans fortune, aspirer à la main d'une aussi riche héritière!

ACTE II, SCÈNE VIII.

MADAME BERTRAND.
Vous n'avez donc rien... vous en êtes sûr?..

CHARLES.
Rien... qu'une dotation de l'Empereur... mille écus en mauvais bois, situés à Kalitz, sur les frontières de la Pologne.

MADAME BERTRAND.
A Kalitz?..

CHARLES.
Cinq cents arpents, dit-on... un pays sauvage... des routes impraticables... si je parviens à les vendre, ce qui n'est pas facile, je n'en trouverai jamais plus d'une cinquantaine de mille francs... et avec cette misérable somme, comment oser réclamer la parole que M. de Champcarville m'a donnée?.. non, non, je dois la lui rendre... et je vais de ce pas... (*Il passe à droite.*)

MADAME BERTRAND, *vivement.*
Ne vous en avisez pas... il la reprendrait!.. mais à quoi bon vous presser? On ne sait pas ce qui peut arriver... il y a des fortunes qui tombent du ciel.

CHARLES, *secouant la tête avec tristesse.*
Pas pour moi!..

MADAME BERTRAND.
Et pourquoi n'auriez-vous pas crédit en ce pays-là? vous qui avez tant d'honneur et de délicatesse!.. (*comme frappée d'une idée subite.*) Attendez donc!.. (*à part.*) Oh! quelle idée! (*haut.*) Vous avez, dites-vous, des bois à vendre? c'est ma partie à moi... je m'y connais... et je sais qu'en Pologne il y a des côtés excellents... essence de chêne... et purs châtaigniers!.. ça fait du charbon délicieux!..

CHARLES.
Et comment voulez-vous qu'à une pareille distance on puisse négocier... traiter?..

MADAME BERTRAND.
Ça me regarde... je m'en charge... je vous trouverai ça... (*se frappant le front.*) Eh! n'y pensais pas... il y a justement à l'Aigle-Blanc un gros négociant de ma connaissance qui en achète tous les jours... jusqu'en Suède, jusqu'en Russie... je cours vous le chercher... et je vous l'amène...

CHARLES.
Vous n'y songez pas!.

MADAME BERTRAND.
Et ne vous laissez pas attraper au moins... ces gaillards-là vous entortillent!

CHARLES, *étonné.*
En vérité, je n'en reviens pas... cette obligeance active, inépuisable!.. qui donc peut me valoir tant de preuves d'intérêt?..

MADAME BERTRAND, *le regardant avec tendresse.*
Ça vous étonne?.. vous qui êtes si serviable pour les autres! Est-ce que les braves gens ne se devinent pas au premier coup d'œil, et ne sentent pas le besoin de se tendre la main?

CHARLES, *ému et lui tendant la main.*
Oh! merci... merci, ma bonne mère!..

MADAME BERTRAND, *avec un cri de joie.*
Ah!.. comment avez-vous dit?..

CHARLES, *étonné.*
J'ai dit, ma bonne mère!.. ma brave femme!

MADAME BERTRAND, *à elle-même, la main sur son cœur.*
Ah! c'est égal... ça fait du bien!..

CHARLES, *lui prenant la main avec affection.*
Ce que vous voulez tenter pour moi n'empêchera pas mon mariage d'être rompu... n'importe, je n'oublierai jamais vos soins généreux... et je vais tout dire à Agathe et à son père!..

MADAME BERTRAND, *voulant le retenir.*
M. Charles!.. un moment!..
(*Charles entre dans la chambre à droite.*)

~~~~~~

SCÈNE VIII.

MADAME BERTRAND, *puis* JÉROME.

MADAME BERTRAND, *suivant Charles des yeux.*
Il a bien fait de s'en aller.. j'aurais fini par lui sauter au cou... (*lui parlant de loin à mi-voix.*) Rompre ton mariage, quand je suis là... oh! non... je ne partirai que lorsque tu seras riche... heureux... (*lui envoyant des baisers de loin avec passion, au moment où Jérome paraît et la contemple les bras croisés.*) Toi qui es mon Dieu, mon bonheur sur la terre, mon seul amour!..

JÉROME, *à part.*
Lui envoyer des baisers... à son âge... ô Dieu! quand la passion les emporte... (*voyant madame Bertrand s'essuyer les yeux.*) La tête n'y est plus... c'est clair... pauvre femme! il faut être indulgent et ne pas la gronder.

MADAME BERTRAND, *se retournant.*
Ah! Jérome... tu reviens à propos... j'allais te chercher...

JÉROME, *d'un ton froid.*
J'ai fait votre commission auprès de la fille d'auberge.

MADAME BERTRAND, *vivement.*
Il ne s'agit pas de cela... écoute... tu as été à Kalitz?

JÉROME.
Oui...

MADAME BERTRAND.
Tu connais les forêts?

JÉROME.
Il n'y a que ça... un pays de loups!..

MADAME BERTRAND.
De quelle qualité les bois?

JÉROME.
De la drogue.

MADAME BERTRAND, *vivement*.
Du tout! ils sont excellents...
JÉROME.
Allons donc!.. du bouleau, du sapin!... des bruyères... je vous dis que c'est de la drogue.
MADAME BERTRAND.
Et moi, je veux qu'ils soient excellents.
JÉROME, *la regardant d'un air ébahi*.
Ah!..
MADAME BERTRAND.
Qu'est-ce que ça vaut l'arpent?
JÉROME, *avec humeur*.
Cinquante francs... bien payé!..
MADAME BERTRAND.
M. le marquis d'Aspremont en a 500 arpents...
JÉROME, *de même*.
Eh bien! ça fait vingt-cinq mille francs.
MADAME BERTRAND.
Du tout... j'en donne cent mille écus. Tu vas les lui acheter à ton nom... à ce prix-là...
JÉROME, *pétrifié*.
Allons donc!..
MADAME BERTRAND.
Je le veux...
JÉROME.
Pardon, madame Bertrand, de vous dire des choses aussi dures!.. mais vous avez donc perdu toute raison, tout esprit... même celui du commerce... cent mille écus!.. de vrais échalas...
MADAME BERTRAND.
Je le veux, te dis-je.
JÉROME, *éclatant avec colère*.
Et moi, je ne peux pas vous laisser vous ruiner, pour gorger d'or ce jeune homme, pour une fantaisie, un caprice..
MADAME BERTRAND.
Un caprice!.. ah! si tu savais ce que j'éprouve pour lui... ce que je donnerais...
JÉROME, *exaspéré*.
Pardi! cela ne se voit que trop... vous en avez la tête à l'envers... mais encore une fois, je suis votre homme de confiance... c'est moi qui fais tous vos marchés, et jamais je ne prêterai les mains...
MADAME BERTRAND, *sévèrement*.
Qu'est-ce à dire, M. Jérome?.. à la fin de ça, suis-je maîtresse ou non de mon bien?.. avez-vous oublié que je veux être obéie à la minute?.. Ne me forcez pas de m'en souvenir, jour de Dieu! car, sans respect pour vos longs services, pour votre attachement, je vous chasse!..
JÉROME, *les larmes aux yeux, et après un silence*.
Vous!.. vous auriez le cœur de me renvoyer!.. vous!.. allons donc!.. le plus souvent que je m'en irais!..
MADAME BERTRAND, *émue et lui prenant les mains avec amitié*.
Non, non, tu as raison, mon bon Jérome!.. tu me connais mieux que moi-même... je sais que tu m'es dévoué, et tu sais bien aussi que tu ne dois jamais me quitter!.. mais n'en abuse pas... tu m'as entendue... fais ce que je te dis... je le veux,.. je t'en prie!..
JÉROME, *résigné et en soupirant*.
Soit! mais c'est bien dur de voir une si belle fortune... de si belles mines de charbon, s'en aller en fumée...
MADAME BERTRAND.
C'est une spéculation... que je t'expliquerai...
JÉROME.
Elle est jolie!..
MADAME BERTRAND.
Va toujours ton train... on ne te connaît pas, au château... présente-toi comme un riche marchand... voici mon portefeuille... ne laisse pas soupçonner que j'y suis pour quelque chose... et achète les bois cent mille écus comptant!
JÉROME.
Mais s'ils ont pour deux sous de conscience, ils ne voudront jamais...
MADAME BERTRAND.
C'est ton affaire... ça te regarde... et songe à bien jouer ton rôle... le duc et le marquis ne sont pas faciles à tromper...
JÉROME.
Ah! pardine! à ce prix là, il y a plaisir à se laisser attraper...
MADAME BERTRAND.
Je les entends... (*A mi-voix*.) Cent mille écus!.. pas un centime de moins... ou je ne te revois de ma vie...

SCÈNE IX.

LES MÊMES, LE DUC, CHARLES, *sortant de la chambre à droite*.

QUATUOR.

LE DUC, *entrant en causant avec Charles*.

Peut-être de valeur ces bois ont-ils doublé!

MADAME BERTRAND, *présentant Jérome à Charles*.

L'habile commerçant dont je vous ai parlé!

JÉROME, *à part avec colère*.

Habile! j'en rougis pour elle de vergogne.

MADAME BERTRAND, *continuant*.

Lequel éprouve, en ce moment,
Le besoin d'acquérir des forêts en Pologne!
(*bas à Jérome, et passant à sa droite*.)
Tiens-toi droit! de l'aplomb et parle rondement!

JÉROME, *cherchant à se donner de l'aisance*.

Ce sont des bois que monsieur voudrait vendre,
A Kalitz?...

ACTE II. SCÈNE IX.

CHARLES.
Oui, monsieur... De vous sont-ils connus?...
JÉROME.
Parfaitement! ils sont très mal tenus...
MADAME BERTRAND, *avec colère et bas.*
Très mal?...
JÉROME, *à part.*
Ah! maladroit! (*haut*) Il s'agit de s'entendre...
Quand je dis mal tenus... ce sont, en général
De très beaux bois!... malgré ça c'est égal,
Ça se vend peu...
MADAME BERTRAND, *repassant près de Charles.*
Beaucoup...
JÉROME, *à part.*
Je n'y prends jamais garde..
CHARLES.
Votre prix?...
JÉROME, *hésitant et regardant madame Bertrand.*
Je ne sais s'il faut que j'y hasarde
Soixante mille francs!...
CHARLES, *naïvement.*
Ça m'étonne...
MADAME BERTRAND.
Non pas!
(*Regardant Jérôme.*)
C'est, selon moi, beaucoup trop bas!
JÉROME.
Soixante-cinq!..
CHARLES, *avec joie.*
Vraiment?
MADAME BERTRAND.
N'acceptez pas!...
JÉROME.
Soixante-dix!
CHARLES, *avec joie.*
O ciel!...
MADAME BERTRAND, *bas à Charles*
N'acceptez pas!..

ENSEMBLE.
JÉROME.
Ça monte, ça monte, ça monte!
Que j'en rougis de honte!
Mais je suis loin du compte,
Malheureux acquéreur!
Que de peine pour faire,
Une mauvaise affaire,
Cela me désespère,
Et me met en fureur!

MADAME BERTRAND.
Ça monte, ça monte, ça monte!
Mais il est loin du compte,
Offrir, c'est une honte,
Le quart de la valeur!
Que votre cœur espère!
Pour vous longtemps sévère
La fortune prospère
Vous devait ce bonheur!

CHARLES
Ça monte, ça monte, ça monte!
Ah! j'étais loin du compte,
Et fortune aussi prompte
Me prouve mon erreur!
Mais gaîment laissons faire,
Le sort, longtemps contraire,
Qui redevient prospère
Et me rend le bonheur!

LE DUC.
Ça monte, ça monte, ça monte!
Vous étiez loin du compte
Et fortune aussi prompte
Vous prouve votre erreur!
Mais gaîment laissez faire,
Le sort, longtemps contraire,
Vous redevient prospère,
Et vous rend le bonheur!

MADAME BERTRAND, *à Jérome.*
Vous ne nous dites pas que ces bois qu'on vous livre,
Renferment un trésor bien grand?
Des mines de fer et de cuivre.
JÉROME, *bêtement.*
Est-il possible!...
MADAME BERTRAND.
Allons! faites donc l'ignorant!
Chacun le dit, dans le pays...
CHARLES ET LE DUC.
Vraiment?
JÉROME, *d'un air triste.*
Alors, pour les mines de cuivre
Cent mille francs!...
CHARLES.
Admirable!...
MADAME BERTRAND.
Un moment!...
(*bas à bas au Duc et à Charles.*)
On a parlé d'une mine d'argent!
Qu'on pourrait y trouver...
JÉROME, *à part.*
Eh! mais cela commence,
Dès à présent..
MADAME BERTRAND, *regardant Jérome.*
Cela vaut qu'on y pense!
Eh bien?...
JÉROME, *hésitant encore.*
Eh bien?...
MADAME BERTRAND.
Allons, encore un pas!
JÉROME.
Deux cent mille francs!
CHARLES, *poussant un cri et courant à lui.*
Dieu! c'est superbe!..
MADAME BERTRAND, *l'arrêtant.*
Non pas!
N'acceptez pas...

LE DUC.
N'acceptez pas!

ENSEMBLE.

JÉROME.
Ça monte, ça monte.

MADAME BERTRAND.
Ça monte, etc.

CHARLES.
Ça monte, etc.

LE DUC.
Ça monte, etc.

LE DUC, *à Jérome d'un air important et passant près de lui.*
Vous voyez bien, mon cher, que ça vaut davantage!

JÉROME *avec fureur*.
C'est trop fort... Et dût-on m'enterrer tout vivant,
Jamais d'aller plus loin, je n'aurai le courage.

LE DUC.
Nous nous en rapportons à madame Bertrand.

JÉROME, *vivement*.
Et j'y consens aussi!... (*A part.*) qu'elle se suicide :
Je l'aime mieux...

CHARLES ET LE DUC.
Parlez...

MADAME BERTRAND.
Eh bien donc, je décide—
(*Lentement et regardant Charles.*)
Que ça vaut, pour quelqu'un qui sait bien ce qu'il fait,
Ça vaut cent mille écus!

JÉROME, *poussant un cri.*
C'est un meurtre! un forfait!

MADAME BERTRAND, *froidement.*
Je les prends à ce prix...

JÉROME, *à part.*
Quelle fureur la guide !

LE DUC, *à Jérome.*
Vous l'entendez?

JÉROME, *accablé.*
Je cède... Et pour cent mille écus....
(*A part, s'essuyant le front.*)
Mais c'est fini... je n'en puis plus !

ENSEMBLE.

MADAME BERTRAND.
Jour de plaisir, jour de bonheur!
Oh! l'excellente affaire
Pour une tendre mère
Quel moment enchanteur!

CHARLES ET LE DUC.
Heureux destin ! jour enchanteur!
Grâce à la charbonnière
Cette excellente affaire
Assure mon bonheur!

JÉROME, *à part.*
Ah ! quel tourment! je suis vainqueur.
Voyez la belle affaire:
Mais pour la charbonnière
J'enrage de bon cœur!

LE DUC.
Allons préparer l'acte...

MADAME BERTRAND.
Il faut que rien n'y manque!
(*A Charles.*)
Et surtout exigez qu'on vous solde comptant!

CHARLES.
C'est le gêner...

MADAME BERTRAND.
Non pas, vraiment.
Il est toujours doublé de bons billets de banque.

JÉROME, *tirant son portefeuille.*
Soit... On vous donnera cent mille écus comptant.

CHARLES, *au duc d'un air triomphant.*
Eh bien! qu'en dites-vous, beau-père?

LE DUC.
Que vous êtes dupé !...

CHARLES ET MADAME BERTRAND, *étonnés.*
Comment?

LE DUC.
La chose est claire...
Il en aurait donné quatre cent mille francs !

CHARLES.
N'importe!

ENSEMBLE.

JÉROME.
Ah ! quel tourment! etc.

CHARLES, LE DUC.
Heureux destin ! etc..

MADAME BERTRAND.
Jour de plaisir! etc..

(*Le duc, Jérome et madame Bertrand sortent par la première porte à droite.*)

SCÈNE X.

CHARLES, *à madame Bertrand qui s'éloigne avec le tiroir.*

Je suis à vous dans l'instant... je veux voir Agathe... je veux lui apprendre... (*à lui-même*) Je n'en puis revenir encore! Madame Bertrand avait raison, et cette excellente femme est mon bon génie! mon ange gardien! (*apercevant Agathe qui entre par la seconde porte à droite*). Ah! ma chère Agathe, venez, venez partager ma surprise.

AGATHE.

Elle n'égale pas la mienne! Et c'est très mal... me dire que vous êtes ruiné! et ces diamants magnifiques qui m'arrivent de votre part?..

CHARLES.

Qu'est-ce que cela signifie?

AGATHE.

Cette corbeille éblouissante de dentelles et de cachemires que l'on vient de m'apporter... de votre part!..

CHARLES.

De ma part!..

AGATHE.

Oui, monsieur... et si je n'étais pas si contente, je serais furieuse contre vous!..

CHARLES.

Écoutez, Agathe, il y a quelque chose ici que je ne comprends pas... je ne vous ai rien envoyé... rien donné...

AGATHE, *étonnée*.

Que dites-vous?

CHARLES.

Je ne le pouvais pas... car je ne suis riche que depuis un quart d'heure... mais nous saurons... nous découvrirons...

SCÈNE XI.

LES MÊMES, BRINDAMOUR, *les jambes un peu avinées.*

BRINDAMOUR, *entrant par le fond.*

J'ai bien fait de me rafraîchir... après une course pareille! Madame Bertrand elle-même me l'aurait conseillé.

CHARLES, *l'apercevant.*

Toi ici!.. que viens-tu faire?

BRINDAMOUR.

Pardon, mon colonel!.. quand je dis mon colonel... c'est l'habitude... car ce n'est plus vous qui me commandez... c'est madame Bertrand... à qui je rapporte ces chiffons de papier qu'ils nomment des quittances... pour des brinborions de noce... des corbeilles... (*il remet les quittances à Charles*).

CHARLES, *prenant plusieurs papiers qu'il parcourt.*

O ciel! reçu de madame Bertrand, pour bijoux et parures, (*prenant d'autres quittances*) pour dentelles et cachemires...

BRINDAMOUR.

Oui!.. oui!..

AGATHE.

Est-il possible.

BRINDAMOUR, *levant les yeux vers la porte à droite.*

Oui! hé, tenez... C'est elle... en personne!

SCÈNE XII.

LES MÊMES, MADAME BERTRAND.

MADAME BERTRAND, *sur le pas de la porte à droite.*

Mon messager!.. tout est perdu!..

BRINDAMOUR, *allant à elle.*

Non, rien n'est perdu... j'ai tout apporté... rien n'y manque!

MADAME BERTRAND, *bas.*

Il suffit!

BRINDAMOUR, *montrant les quittances que tient Charles.*

Témoin cette feuille de route, qui est là pour le dire...

CHARLES.

Quoi! madame Bertrand...

MADAME BERTRAND, *à Brindamour.*

Laisse-nous... va-t-en!

BRINDAMOUR, *voulant s'expliquer.*

Permettez...

MADAME BERTRAND *brusquement.*

Je t'ai dit de t'en aller... je n'aime pas qu'on réplique.

BRINDAMOUR.

Ne vous fâchez pas... on obéit... (*chancelant*). Tudieu! je n'aurais jamais cru ça possible... cette femme-là me fera... marcher droit. (*à madame Bertrand qui, de sa main, lui fait signe de sortir*). Je m'en vas, petite mère, je m'en vas... (*Il sort par le fond*).

SCÈNE XIII.

AGATHE, MADAME BERTRAND, CHARLES.

AGATHE.

Qu'est-ce que cela signifie? ces riches présents de noce, que je viens de recevoir, et qui, dit-on, viennent de vous, madame Bertrand?

MADAME BERTRAND, *avec émotion et souriant.*

De moi? Oh! non, mademoiselle... ce n'est point madame Bertrand qui vous les envoie...

AGATHE.
Comment?
MADAME BERTRAND, *de même.*
C'est quelqu'un qui a le droit de vous les offrir, et de qui vous pouvez les accepter sans crainte.
AGATHE.
Vous connaissez donc cette personne?..
CHARLES.
Quelle est-elle? parlez!
MADAME BERTRAND, *hésitant.*
Je ne puis le dire qu'à vous... à vous seul, monsieur...
AGATHE.
J'entends!.. Je me retire.
CHARLES.
Pardon, chère Agathe, pardon! (*Agathe sort par la droite conduite par Charles et en lui faisant des signes d'intelligence*).

SCÈNE XIV.

MADAME BERTRAND, CHARLES.

CHARLES, *après un silence.*
Nous sommes seuls... ne craignez rien...
MADAME BERTRAND, *à part.*
Oh! je ne crains que de me trahir.
CHARLES.
A qui devons-nous ces richesses?
MADAME BERTRAND, *d'un air naturel.*
A qui, monsieur le marquis? hé mais... à votre mère!
CHARLES, *vivement.*
Ma mère... est-il possible?.. mais on m'avait assuré... Comment... elle existerait?.. elle existe encore! vous la connaissez! vous l'avez vue? où est-elle?
MADAME BERTRAND, *à part.*
Ah! que de questions! Tenons-nous ferme. (*Haut.*) Oui, oui, c'est elle qui m'envoie... parce qu'elle ne peut pas venir.
CHARLES.
Elle est malade... elle est souffrante! elle est malheureuse?..
MADAME BERTRAND, *émue.*
Non, non, elle est bienheureuse à présent!.. autrefois, je ne dis pas,.. elle a bien souffert... je le sais, je l'ai rencontrée... en exil... en pays étranger...
CHARLES.
Et pourquoi ne pas m'écrire?.. ne pas m'appeler près d'elle? Ah! j'aurais tout quitté...
MADAME BERTRAND, *à part.*
Je ne m'en tirerai jamais... j'aurais mieux fait de m'en aller... (*haut et retenue par Charles.*) Ecoutez, monsieur Charles, il y a des choses qu'elle m'a permis de vous dire et d'autres sur lesquelles je ne puis vous répondre, sans lui faire de la peine. Et vous ne le voudriez pas?..
CHARLES, *vivement.*
Jamais!.. Et je consens, s'il le faut, à ne rien vous demander... mais je veux voir ma mère... je veux l'embrasser.
MADAME BERTRAND, *faisant un mouvement et s'arrêtant.*
Ah! elle ne demande pas mieux... mais elle dit que ça ne se peut pas... dans votre intérêt!
CHARLES.
Dans mon intérêt!
MADAME BERTRAND.
Sans doute! si sa présence devait changer votre position, vous apporter la douleur au lieu de la joie!... son devoir ne serait-il pas de rester dans son exil, d'y prier pour vous, et de vous aimer toute seule et de loin?..
CHARLES, *avec âme.*
Et comment saura-t-elle que, moi aussi, je l'aime, je la respecte.
MADAME BERTRAND, *vivement.*
Oh! elle le saura, je le lui dirai...
CHARLES.
Cela ne me suffit pas... Quand elle me comble de ses bienfaits; quand, pour m'enrichir, elle s'impose des sacrifices, des privations, peut-être!.. car je ne suis plus votre dupe, madame Bertrand... Le marché de tout à l'heure, ce négociant Polonais qui s'est trouvé là... si à point, pour m'offrir un prix exorbitant... il était envoyé par ma mère, par elle, n'est-il pas vrai?..
MADAME BERTRAND.
Eh bien! quand ce serait, y aurait-il de quoi s'étonner? Est-ce que ce n'est pas le premier, le plus doux des plaisirs, de donner à son enfant?
CHARLES.
Et cette riche corbeille, ces diamants!
MADAME BERTRAND.
Ah! ça, c'était pour sa bru... ça lui est permis. Elle me l'avait tant recommandé...
CHARLES, *hors de lui.*
Tout ce que j'entends n'est pas possible!
MADAME BERTRAND, *gaîment.*
Si vraiment... Comme je passais par ici, elle m'a chargée de vous remettre tout ça.... parce que.... Ah! dame! c'est qu'elle a confiance en moi!.. je n'en ai pas abusé, au moins! D'ailleurs je rendrai mes comptes...
CHARLES, *se promenant vivement.*
Je vous crois, je vous crois... mais ce mariage est impossible.
MADAME BERTRAND.
Que voulez-vous dire!
CHARLES.
Il ne se fera pas... si ma mère n'est pas là, près de moi, à l'autel.
MADAME BERTRAND, *vivement et avec dignité.*
Voilà ce qu'elle ne veut pas... Elle vous défend

même d'en avoir la pensée... Elle vous le défend!.. Et votre mère, je la connais... est une femme qui a ses volontés.

CHARLES, *tristement.*

Je les respecterai, quelque rigoureuses qu'elles soient!.. Mais à une condition, c'est que vous, son amie, vous, madame Bertrand, vous la remplacerez...

MADAME BERTRAND, *avec joie.*

La remplacer !..

CHARLES.

Et que vous resterez à ma noce, à mes côtés, à la place d'honneur !

MADAME BERTRAND, *combattue.*

Moi! une femme du peuple! avec mes habits! au milieu de ce beau monde !!

CHARLES, *avec noblesse.*

Vous représentez ma mère... Et tout ce monde-là vous respectera.

MADAME BERTRAND, *à elle-même.*

Ah! c'est bien tentant... mais je ne puis rester une heure de plus... Il faut que je parte... Elle m'attend...

CHARLES.

Alors, je pars avec vous et ne vous quitte plus...

MADAME BERTRAND, *à part.*

Bonté divine ! où me suis-je fourrée !..

CHARLES.

Si elle ne peut pas venir ici, j'irai la trouver..... car je ne me marierai pas sans demander à ma mère son consentement.

MADAME BERTRAND, *émue.*

Elle m'a chargée de vous le donner !..

CHARLES, *étonné.*

Elle connaissait donc mon mariage?

MADAME BERTRAND, *troublée.*

Oui, oui... avant mon départ... elle avait appris, elle avait prévu... car elle m'avait dit : tu lui donneras ma bénédiction... (*étendant les mains avec dignité et émotion.*) Et je vous la donne, Charles, je vous la donne !.. (*A Charles qui courbe la tête*) : Soyez heureux... mon enfant, soyez heureux ! c'est tout ce que votre mère vous demande. (*Essuyant une larme à la dérobée.*) Et maintenant adieu ! (*Elle fait quelques pas pour sortir.*)

CHARLES, *lui tendant les bras.*

Quoi! rien de plus!.. quoi! elle ne vous a pas encore chargée d'autre chose?

MADAME BERTRAND, *s'arrêtant.*

Si vraiment !.. (*Avec trouble et timidité.*) Elle m'a chargée, je crois... de vous embrasser !..

CHARLES, *ouvrant ses bras.*

Eh bien! donc!..

MADAME BERTRAND, *poussant un cri.*

Ah! (*Elle s'y précipite en pleurant et le serre dans ses bras, contre son cœur.*)

CHARLES, *avec bonheur.*

Ma mère !.. ma mère !

MADAME BERTRAND, *vivement.*

Ah! tais-toi ! tais-toi ! ne prononce pas ce nom...

SCÈNE XV.

LES MÊMES, JÉROME, BRINDAMOUR.

(*Ils paraissent, l'un à la porte du fond, l'autre à droite poussant un cri de surprise, en voyant madame Bertrand dans les bras de Charles.*)

JÉROME.

Oh!..

BRINDAMOUR.

Ah!..

JÉROME, *à mi-voix, s'approchant de madame Bertrand.*

Prenez donc garde, madame Bertrand, prenez-donc garde... je suis là... et tout ce monde qui arrive!..

MADAME BERTRAND, *A Charles, et sur la ritournelle du morceau suivant, à voix basse.*

Silence ! une erreur t'avait fait prendre pour le fils du marquis d'Aspremont... erreur qu'il ne faut jamais détruire !

CHARLES, *à part.*

Moi! les tromper!

MADAME BERTRAND.

C'est pour cela que je m'en vais! Adieu pour toujours!

CHARLES, *le retenant par la main.*

Non, vous resterez... vous ne me quitterez plus!

SCÈNE XVI.

LES MÊMES, LE DUC DE CHAMPCARVILLE, AGATHE ; Officiers et Dames, Domestiques.

(*Agathe est en grande toilette; les domestiques en grande livrée.*)

FINAL.

CHOEUR.

Amour, plaisir, joyeuse ivresse!
Venez, venez charmer ces lieux !
L'hymen couronne leur tendresse,
Leur bonheur comblera nos vœux !

LE DUC, *tenant la main d'Agathe.*

Venez mon gendre et marchons à l'autel !

AGATHE.

Mon père m'y conduit !...

CHARLES, *prenant la main de madame Bertrand*

Et moi, moi, grâce au ciel,
Je n'y marche pas seul ! ..

MADAME BERTRAND, *à demi-voix.*

Ah! tais-toi !...

CHARLES
                    Moi, me taire !
Moi, rougir de vous ?... Non !...
(*Présentant madame Bertrand à toute l'assemblée.*)
         Messieurs, voici ma mère !...
                TOUS.
            Sa mère !...
    CHARLES, *avec noblesse, au Duc.*
Qui m'apprend, et je dois vous en faire l'aveu,
Que je ne suis point fils des d'Aspremont...
                TOUS.
              Grand Dieu !....

         ENSEMBLE.

             LE DUC.

      La surprise et la colère
      Couvrent mon front de rougeur !
      C'est sa mère ! c'est sa mère,
      Pour mon nom, quel déshonneur !

        MADAME BERTRAND.

      Ah ! quelle douleur amère !
      Quels regrets brisent mon cœur !
      Hélas ! c'est moi, c'est sa mère ?
      Qui détruit tout leur bonheur !

             CHARLES.

      Cet aveu, j'ai dû le faire.
      Il y va de mon honneur !
      C'est ma mère ! c'est ma mère !
      C'est ma gloire et mon bonheur !

     JÉROME ET BRINDAMOUR.

      Je devine le mystère :
      Ah ! quelle était notre erreur !
      C'est sa mère ! c'est sa mère !
      L'espoir renaît en mon cœur.

             AGATHE.

      Cet aveu qu'il devait faire
      Le rend digne de mon cœur
      C'est sa mère ! Mais sa mère,
      Détruira notre bonheur !

            LE CHŒUR.

      L'aventure est singulière !
      Et le Duc est en fureur !
      C'est sa mère ! c'est sa mère !
      C'en est fait de leur bonheur !

        MADAME BERTRAND.
Qu'as-tu fait !
             CHARLES.
          Mon devoir !...
        MADAME BERTRAND.
              Mais un pareil éclat !
             CHARLES.
Me cause moins d'effroi que de paraître ingrat !
     AGATHE, *regardant Charles.*
Ah ! mon cœur, s'il se peut, le chérit plus encore !
                (*Au duc.*)
Car un semblable trait à tous les yeux l'honore !

             LE DUC.
Sans doute... mais l'honneur d'une noble maison
De nous, ma fille, exige un cruel sacrifice.
J'avais promis au roi, qui veut qu'on vous unisse
De marier ma fille avec un d'Aspremont...
Mais non avec le fils de madame Bertrand
        MADAME BERTRAND.
Quoi ! monsieur !...
             LE DUC.
       On se doit à son nom, à son rang !

         ENSEMBLE.

             LE DUC.

      Non plus d'alliance
      Plus d'hymen pour eux !
      Ici, l'opulence
      N'est rien à mes yeux !
      Ni pitié ni grâce,
      Tel est mon vouloir :
      L'honneur de ma race
      M'en fait un devoir !

        CHARLES, AGATHE.

      Non plus d'alliance !
      Plus de jours heureux !
      La seule naissance
      Est tout à ses yeux !
      Oui, pour nous s'efface
      Jusqu'au moindre espoir !
      Et l'honneur me trace
      Hélas ! mon devoir !

  MADAME BERTRAND, ET LE CHŒUR.

      Ah ! plus d'espérance !
      Plus de jours heureux !
      C'est par la naissance
      Qu'on brille à ses yeux !
      L'éclat de sa race
      Peut seul l'émouvoir ;
      Sur ce cœur de glace
      Rien n'a de pouvoir !

      JÉROME , BRINDAMOUR.

      Non plus d'espérance !
      Plus d'hymen pour eux !
      C'est par la naissance
      Qu'on brille à ses yeux !
      C'est un cœur de glace,
      C'est un éteignoir,
      Qui d'être tenace
      Se fait un devoir !

     MADAME BERTRAND, *au Duc.*
Ah ! daignez, monseigneur, écouter ma prière !
       Qu'exigez-vous ? J'obéirai !...
Et pour qu'ils soient heureux, bien loin je m'en irai !
             CHARLES.
Qu'osez-vous dire ? vous ma mère !
Partout je vous suivrai... ma place est près de vous !
       LE DUC, *entraînant Agathe.*
Venez, ma fille... Allons, éloignons-nous !...

ACTE III, SCÈNE III.

ENSEMBLE.

LE DUC

Non plus d'alliance,
Plus d'hymen pour eux ! etc.

CHARLES ET AGATHE.

Quoi ! plus d'espérance,
Plus de jours heureux ! etc.

MADAME BERTRAND, ET LE CHŒUR.

Ah ! plus d'espérance,
Plus de jours heureux ! etc.

BRINDAMOUR ET JÉROME.

Non, plus d'espérance
Plus d'hymen pour eux ! etc.

(*Le duc entraîne sa fille d'un côté ; Charles et sa mère sortent par le fond. Brindamour et les autres personnages les suivent en désordre.*)
La toile tombe.

FIN DU DEUXIÈME ACTE.

ACTE TROISIÈME.

Même décor qu'au deuxième acte ; une table à gauche du public avec tout ce qu'il faut pour écrire.

SCÈNE PREMIÈRE.

AGATHE, *seule*.

ROMANCE.
Premier couplet.

Jour d'espoir et d'ivresse !
Nous allions être unis !
Nos rêves de tendresse
Sont à jamais détruits !
O vous, dont la colère
Ne peut se désarmer,
Apprenez-moi, mon père,
Comment ne plus l'aimer !

Deuxième couplet.

Le rang et la naissance
Séparent pour toujours,
Ceux que dès leur enfance
Unissaient les amours.
A votre arrêt sévère
Je dois me conformer...
Mais dites-moi, mon père,
Comment ne plus l'aimer !

SCÈNE II.

RIGOBERT, AGATHE.

AGATHE, *entendant quelqu'un entrer et s'essuyant les yeux*.

Ah ! c'est ce monsieur... l'ami de madame Bertrand.

RIGOBERT.

Pardon, mademoiselle... absent depuis hier, j'arrive d'Andernack ; je venais chercher madame Bertrand pour partir avec elle, et comme je supposais qu'elle était ici...

AGATHE, *avec un soupir*.

Oui... elle y est encore, monsieur... et je vais la faire prévenir.

(*Elle salue Rigobert et sort par la porte à droite.*)

SCÈNE III.

RIGOBERT, *la regardant sortir, puis* BRINDAMOUR.

RIGOBERT, *seul*.

Pauvre jeune fille ! elle a beau faire ; je l'ai vue essuyer des larmes... c'est la faute de son père, j'en suis sûr, et j'ai eu tort de lui pardonner... à celui là !.. mais madame Bertrand l'a voulu.. et dès que je peux lui épargner un chagrin... (*apercevant Brindamour à la porte du fond.*) Ah ! en voilà un qui lui arrive... son fils !.. (*haut, à Brindamour.*) Que viens-tu faire ici, mon garçon ?..

BRINDAMOUR.

Parler à madame Bertrand.

RIGOBERT.

Qui s'intéresse à toi, je le sais... et que tu connais...

BRINDAMOUR.

Pour une excellente femme !

RIGOBERT, *à part*.

Il ne sait encore rien !

BRINDAMOUR.

C'est elle qui m'a sauvé du conseil de guerre,

qui m'a donné ma montre... et bien d'autres choses encore !.. c'est pour cela que je veux lui parler pour une difficulté... où je me trouve.

RIGOBERT.

C'est inutile... je suis là, moi... (*à lui-même.*) Si je puis lui sauver quelque nouvel embarras... (*haut.*) Voyons... que veux-tu?.. qu'est-ce qui te manque?

BRINDAMOUR.

Ce qui me manque?... ô naïveté de l'âge d'or! Tenez, patriarche!... (*frappant sur son gousset.*) Ça parle de soi-même.

RIGOBERT, *à part.*

Pauvre madame Bertrand!.. (*haut.*) Si ce n'est que cela...

BRINDAMOUR.

Que cela? excusez, fantassin !

RIGOBERT.

Sois tranquille, ta fortune est assurée.

BRINDAMOUR.

Qu'est-ce que vous me dites là?..

RIGOBERT.

Ce qu'il te faut dans ce moment, c'est une position... une place... et je m'en charge.

BRINDAMOUR, *plus étonné.*

Homme étonnant!.. votre adresse, s'il vous plaît?.. (*avec joie.*) une place!.. à moi!..

RIGOBERT.

Oui... que désires-tu? que veux-tu faire?

BRINDAMOUR.

Dame! j'aimerais assez ne rien faire...

RIGOBERT, *à part.*

Pauvre madame Bertrand! (*haut.*) c'est possible... il y a des places dans ce genre-là... et peut-être même, qu'après l'avoir exercée quelque temps, tu pourras obtenir quelque titre.

BRINDAMOUR.

A moi !..

RIGOBERT.

Quelque cordon... comme tant d'autres!..

BRINDAMOUR.

A moi !..

RIGOBERT, *se mettant à la table à gauche et écrivant.*

Tu connais le chemin de Cassel?

BRINDAMOUR.

Je crois bien...

RIGOBERT.

Tu vas y aller...

BRINDAMOUR, *à part.*

Encore! ah! ça... je ne fais que cela depuis hier...

RIGOBERT.

A l'hôtel de M. de Romberg !

BRINDAMOUR.

M. de Romberg! l'intendant général ?..

RIGOBERT.

Par intérim...

BRINDAMOUR.

De cette province !

RIGOBERT.

Je lui ai rendu quelque service... et il ne me refusera pas... je lui écris de te donner sur le champ la première place vacante qu'il aura... en attendant mieux...

BRINDAMOUR.

A moi?.. je ne sais plus où j'en suis... et il me semble que je sors du cabaret... tant les jambes me vacillent.

~~~~~~

SCÈNE IV.

BRINDAMOUR *debout au milieu du théâtre*, RIGOBERT *assis près de la table, à gauche*, JÉRÔME.

JÉRÔME *entrant vivement par la porte du fond.*

Ah! monsieur Rigobert.... je viens de chez vous,.. de votre hôtel, où madame Bertrand m'avait envoyé.. je vous y attends depuis une heure...

BRINDAMOUR.

Je crois bien!... puisqu'il était là avec moi!..

JÉRÔME.

Et je venais vous dire, de sa part... car elle est bien désolée, cette pauvre femme... et moi aussi!..

BRINDAMOUR, *le faisant passer à droite.*

Ne le dérangez pas... Il est là qui m'écrit ma fortune... une fortune assurée !

JÉRÔME *surpris.*

A vous?...

BRINDAMOUR.

Une position... comme il dit... une place!... des titres et des cordons!... Je vais chercher tout ça à Cassel, d'où je l'en rapporterai clic, clac!.. ventre à terre !... et je ne serais pas surpris, à mon retour, de me trouver électeur... ou archiduc!...

JÉRÔME, *froidement.*

Voyez-vous, chasseur, si vous aviez bu, je concevrais la chose...

BRINDAMOUR.

Du tout... je suis à jeûn!..

JÉRÔME.

Voilà l'invraisemblable... avec une soif comme la vôtre...

RIGOBERT, *donnant à Brindamour la lettre qu'il vient d'écrire.*

Tiens, mon garçon...

BRINDAMOUR.

La position, la fortune, la place, tout est là-dedans!...

RIGOBERT.
Oui, pars!...
BRINDAMOUR, *bas à Jérôme.*
Qu'avez-vous à dire à cela?...
JÉROME, *froidement.*
Que ce n'est pas vous, chasseur... c'est lui qui a bu!...
BRINDAMOUR.
Je ne crois pas, mais il en serait digne.
(*Brindamour sort en courant.*)

SCÈNE V.

JÉROME, RIGOBERT, MADAME BERTRAND.

MADAME BERTRAND, *sortant de la gauche à la cantonade.*

Oui, oui, cher enfant... nous allons partir; je te le promets... mais attends-moi là : je l'exige... (*à elle même*) Que je tente ce dernier effort. (*à Rigobert*) Ah! pardon monsieur Rigobert, de vous avoir fait attendre... j'étais là avec mon fils, qui se désespérait!

RIGOBERT.
Votre fils!...

MADAME BERTRAND.
Et je ne pouvais pas le quitter dans ce moment-là... ce pauvre garçon! c'est tout naturel!

RIGOBERT.
Votre fils!

MADAME BERTRAND.
Eh! oui... vous ne savez pas... celui qu'ils appelaient tous ici le colonel... le marquis d'Aspremont!..

RIGOBERT, *étonné.*
Comment! c'est lui... (*souriant*) Et l'autre à qui je viens...

MADAME BERTRAND.
Quoi donc!...

RIGOBERT.
Rien, rien! (*regardant par la porte du fond.*) Selon votre habitude, madame Bertrand, vous lui aurez porté bonheur, comme à tout le monde!... Mais Jérome m'a dit que vous aviez à me parler?...

MADAME BERTRAND.
C'est vrai!... c'est vrai!... vous seul pouvez me sauver..

RIGOBERT.
Me voilà!

MADAME BERTRAND, *se retournant vers Jérome qui essuie ses yeux.*
Qu'est-ce que tu fais là?...

JÉROME.
Pardi! vous le voyez bien! j'ai du chagrin.

MADAME BERTRAND.
Et pourquoi?...

JÉROME.
Parce que vous en avez!

MADAME BERTRAND, *bas.*
Jérome!

RIGOBERT, *la regardant avec intérêt.*
Ce garçon vous est dévoué?

MADAME BERTRAND.
Oh! (*Jérome, sans répondre, essuie toujours ses yeux et tend sa main en signe de serment.*)

RIGOBERT.
Voulez-vous me permettre de lui donner un ordre? (*Il passe devant madame Bertrand, s'approche de Jérome et lui parle à l'oreille.*)

JÉROME, *l'écoute d'abord avec surprise, essuie ses larmes, puis finit par rire.*
Ah! bah! tiens! vraiment.

MADAME BERTRAND, *étonnée.*
Eh! bien! le voilà qui rit à présent.

JÉROME, *se dirigeant vers la porte du fond, et causant avec Rigobert, à demi-voix et gaîment,*
C'est dit! clic! clac! et dès qu'il arrivera.

RIGOBERT.
Oui... dès qu'il arrivera.

JÉROME.
J'y cours! (*Il sort par la porte du fond.*)

RIGOBERT, *à madame Bertrand.*
Maintenant, je suis à vous!

SCÈNE VI.

RIGOBERT, MADAME BERTRAND.

MADAME BERTRAND.
Monsieur Rigobert... vous êtes mon ami, mon meilleur ami...

RIGOBERT.
Je m'en vante, car je vous dois...

MADAME BERTRAND.
Fort peu de chose!..

RIGOBERT.
Ma tête... n'importe! Les petits présents, comme on dit, entretiennent l'amitié... et la mienne vous est dévouée.

MADAME BERTRAND.
Vous me l'avez prouvé, hier, en ne ruinant pas M. le duc!

RIGOBERT.
Dame! vous me l'aviez demandé!

MADAME BERTRAND.
Eh bien! aujourd'hui, mon bon Rigobert, puisque ça dépend de vous, je vous supplie... de le ruiner...

RIGOBERT.
Ah!

MADAME BERTRAND.
De fond en comble... si vous m'aimez!

RIGOBERT, *vivement.*
C'est dit!

MADAME BERTRAND.
Qu'il ne lui reste pas une obole...

RIGOBERT, *de même.*
C'est fait!

MADAME BERTRAND.
Il y a de mon bonheur, et plus encore, de celui de mon fils !
RIGOBERT.
Vous serez contente !
MADAME BERTRAND.
Le voici !

SCÈNE VII.
RIGOBERT, MADAME BERTRAND, LE DUC.

LE DUC, *à part.*

Ah ! encore ici !.. (*Haut.*) Madame, ma fille qui, du reste, était certaine de mon approbation, a voulu, hier soir, vous garder au château... et mon désir serait de vous y retenir plus longtemps... mais dans la position où nous nous trouvons tous...
MADAME BERTRAND.
Vous me conseillez de m'éloigner?.. et j'aurais prévenu votre avis, M. le Duc, si M. Rigobert, avec qui je dois partir, n'avait eu un moment d'entretien à vous demander...
LE DUC, *à part.*
Encore ce M. Rigobert !.. (*Haut.*) Depuis deux jours, Monsieur, vous me persécutez pour une audience...
RIGOBERT.
Qui paraît vous coûter beaucoup... et c'est pour cela monsieur le Duc, que je vous ai fait crédit..
LE DUC.
J'en suis fâché, Monsieur... mais je ne suis pas à vos ordres !.. je vous l'avait accordée hier : pourquoi n'en avez-vous pas profité ?
RIGOBERT.
Dans votre intérêt, plus que dans le mien... on ne s'empresse jamais d'annoncer aux gens une mauvaise nouvelle.. et celle que je vous apporte...
LE DUC, *avec impatience.*
Eh bien ! Monsieur ?..
RIGOBERT.
Remonte un peu haut... et demande deux lignes de préface... Rassurez-vous... Je ne les aime pas... et ne la ferai pas longue. M. le duc de Champcarville, votre frère aîné, est mort pendant l'émigration, et comme il n'avait aucun héritier direct, c'est à vous que sont revenus et ses biens et son titre. Les titres, je n'y ai aucun droit ; les biens, c'est différent !.. Votre frère, qui était un intrépide et zélé royaliste, commandait un régiment dans l'armée de Condé... mais ce régiment, il fallait le payer... et M. le duc n'avait d'autres ressources que ses biens laissés en France, et qui, déjà confisqués, ne pouvaient lui être rendus qu'après la victoire !.. n'importe... un grand seigneur... un prince d'Allemagne, dont je suis l'intendant, ne s'effraya pas d'une hypothèque aussi incertaine, et prêta bravement à M. votre frère un million qui ne lui fut jamais rendu.
LE DUC.
Qu'entends-je?
RIGOBERT, *montrant un papier et un bordereau.*
En voici l'acte, portant la date du mois de mars 93 .. ainsi que tous les comptes...
LE DUC, *avec fierté.*
Hein ! un million !.. Qu'est-ce que c'est ?
RIGOBERT.
Nous n'avons pas voulu, jusqu'à présent, vous importuner d'une réclamation parfaitement inutile ; mais ayant appris qu'à la rentrée du roi, vos biens allaient vous être rendus...
LE DUC, *avec impatience.*
Assez ! assez !
RIGOBERT.
Cependant ?..
LE DUC, *avec colère, arrachant le bordereau des mains de Rigobert.*
Assez, Monsieur !.. je pense qu'on m'accordera bien quelque délai...
RIGOBERT.
Des délais !.. oh ! sans doute... (*Froidement.*) Je reviendrai dans une demi-heure !
LE DUC, *effrayé.*
Une demi-heure ! (*Se laissant tomber sur un fauteuil, près de la table à droite, dit à part :*) Maudit homme ! maudite nouvelle ! Si je sais comment m'en tirer !.. (*Examinant le papier avec colère.*) Mais, je suis ruiné... ruiné sans ressources !..
RIGOBERT, *s'approchant de madame Bertrand et à voix basse.*
Êtes-vous contente ?..
MADAME BERTRAND, *de même.*
Enchantée ! (*Lui serrant la main à la dérobée.*) Vous êtes quitte envers moi.
RIGOBERT, *à part, avec un regard expressif.*
Pas tout-à-fait... mais bientôt, je l'espère !.. (*Bas à madame Bertrand.*) Maintenant que voulez-vous ? et que faut-il encore ?..
MADAME BERTRAND, *de même.*
Nous laisser !
RIGOBERT.
C'est dit !.. (*Il sort par la porte du fond.*)

SCÈNE VIII.
MADAME BERTRAND, LE DUC.

MADAME BERTRAND, *timidement s'approchant du duc, qui reste toujours à parcourir les papiers avec inquiétude.*
Monsieur... monsieur le duc ?..

ACTE III, SCÈNE VIII.

LE DUC, *avec colère.*

Qu'est-ce! vous êtes encore là?.. pour vous complaire dans ma ruine, et jouir de mon désespoir!.. mais vous n'aurez point cette satisfaction... grâce au ciel! d'autres ressources!.. Il m'en reste encore...

MADAME BERTRAND.

Aucune!... aussi, je vous en apporte!.. Vous devez une somme énorme... Eh ! bien ! je vendrai tout ce que j'ai... je paierai...

LE DUC, *se levant.*

Vous ..

MADAME BERTRAND.

Ce sera la dot de mon fils...

LE DUC, *étonné.*

Comment ! vous!.. vous! madame Bertrand !

MADAME BERTRAND.

Qu'y a-t-il d'étonnant? J'ai de l'argent à placer... De l'argent que j'ai gagné par vingt ans de travail... Je l'emploie au bonheur de mon enfant et du vôtre!.. Si vous connaissez un meilleur placement... parlez!..

LE DUC, *avec embarras.*

Certainement, madame Bertrand... vous êtes une brave femme... Il y a du bon, en vous... Il y a de la noblesse!..

MADAME BERTRAND.

Au contraire, je n'en ai pas... Voilà pourquoi j'en achète!.. Et comme je suis ronde en affaires, voyez... ça vous va-t-il? Est-ce conclu ?..

LE DUC, *combattu.*

Je le voudrais, madame... Je le désirerais autant que vous... parce qu'avant tout, le bonheur de ma fille!.. mais vous comprenez... que l'on ne change pas ainsi de principes...

MADAME BERTRAND.

A ce prix-là... il y en a tant d'autres qui changent tous les jours... et à meilleur marché !

LE DUC.

Des gens du nouveau régime, c'est possible .. mais un Champcarville !.. (*avec hauteur.*) Un Champcarville ne peut pas donner sa fille à... M. Bertrand !

MADAME BERTRAND, *piquée.*

Alors, M. Bertrand gardera sa fortune et M. de Champcarville perdra la sienne... je vous laisse y réfléchir... Adieu !..

LE DUC, *la retenant.*

Madame Bertrand !.. (*à part.*) Je sais bien qu'avec le temps, les idées se modifient... ce serait de la philosophie et du libéralisme... Il y a des grands seigneurs libéraux !.. mais moi qui ai toujours été leur ennemi déclaré... je ne peux pas aux yeux du roi et de toute la cour... aussi brusquement et sans transition... (*Passant à gauche et s'asseyant près de la table.*)

DUO.

LE DUC, *avec force.*

Non, non, non, c'est impossible!

ENSEMBLE.

LE DUC.

Non, non, c'est impossible !
Ombre de mes aïeux,
A cet affront terrible !
Vous détournez les yeux !

MADAME BERTRAND.

Soyez moins inflexible !
Que vos nobles aïeux,
Est-il donc si terrible
De faire des heureux !

MADAME BERTRAND. *sur un nouveau geste de refus du duc.*

Trouvez donc de l'argent... je pars...

LE DUC, *la retenant.*

Un mot encore !

MADAME BERTRAND.

Qu'est-ce, monsieur le Duc?

LE DUC, *avec impatience.*

J'y mets du mien, morbleu !
Vous, mettez-y du vôtre... aidez-moi quelque peu !

MADAME BERTRAND, *étonnée.*

Comment ?...

LE DUC.

Il est possible... Et parfois on l'ignore...
Qu'on soit plus qu'on ne croit, ou qu'on tienne à quel-
(qu'un)
Qui, de près ou de loin, vous tire du commun ?
(*Madame Bertrand s'assied avec empressement près de lui.*)

ENSEMBLE.

Cherchons tous deux, cherchons bien !
Nous trouverons un moyen !
N'est-il pas, dans la famille,
Quelque astre inconnu qui brille ?
Cherchons, cherchons, cherchons bien !

MADAME BERTRAND.

Moi je cherche...

LE DUC.

Eh bien ! et bien ?...

MADAME BERTRAND.

Et je ne trouve rien...

LE DUC.

Rien !

ENSEMBLE.

Rien ! Rien !

5

LE DUC.
Un des vôtres, jadis, à la cour, près du roi,
Aurait-il, par hasard, acheté quelque emploi ?
MADAME BERTRAND.
Non pas !
LE DUC, *avec impatience.*
On en vendait pourtant à tout le monde !
MADAME BERTRAND.
Ça doit nous distinguer, car nous n'en avions pas !....
LE DUC.
Quel était votre père ?...
MADAME BERTRAND.
Il roulait, ici bas,
Voiture...
LE DUC, *avec joie.*
Quoi ! vraiment !
MADAME BERTRAND.
Il vendait, à la ronde,
Du charbon et du bois !...
LE DUC.
Mais, ses parents, à lui ?...
Ses parents éloignés ?... Rappelez vous ici ?
ENSEMBLE, *se levant.*
Cherchons, tous deux, cherchons bien !
Nous trouverons un moyen !
N'est-il pas, dans la famille,
Quelque astre inconnu qui brille !
Cherchons, cherchons, cherchons bien !
Eh ! quoi vous ne trouvez rien ?
Eh ! non, je ne trouve rien !
Rien ! Rien ! Rien !
LE DUC, *vivement.*
Votre grand père ?...
MADAME BERTRAND.
Ah ! je m'en souviens fort...
Il était, j'imagine,
Comme ouvrier, sur le port !
LE DUC, *avec impatience.*
Marin ?...
MADAME BERTRAND.
Non pas ?...
LE DUC, *insistant.*
Officier de marine ?
MADAME BERTRAND.
Non pas... je le dirais... car c'est l'essentiel...
Je ne veux pas, monsieur, vous tromper...
LE DUC *à part.*
Plût au ciel !
ENSEMBLE.
LE DUC.
Ah ! j'ai beau faire, elle n'est rien !
J'ai beau chercher... aucun moyen...
Rien ! Rien ! Rien !

MADAME BERTRAND.
J'ai beau chercher, je le vois bien !
Nous n'avons jamais été rien,
Rien ! Rien ! Rien !

SCÈNE IX.

LES MÊMES, RIGOBERT.

RIGOBERT.
Me voilà, M. le duc !..
LE DUC, *avec humeur.*
Encore vous !..
RIGOBERT, *froidement.*
La demi-heure est expirée... (*Saluant.*) Et j'aurais cru manquer à mon devoir...
LE DUC, *avec plus d'humeur.*
Eh ! Monsieur... dans un autre moment... quand j'aurai vu, quand j'aurai vérifié...
RIGOBERT.
Tout est vérifié, Monsieur... les comptes sont parfaitement exacts... il ne s'agit que de les solder...
MADAME BERTRAND, *bas.*
Tenez ferme !
LE DUC, *s'emportant.*
Eh ! corbleu ! après tout... c'est à votre maître que j'ai affaire, Monsieur, et non à vous...
RIGOBERT, *plus froidement.*
C'est absolument la même chose !
LE DUC.
Je verrai Son Altesse...
RIGOBERT, *de même.*
J'ai ses pouvoirs !..
LE DUC.
Je suis sûr qu'elle m'accordera...
RIGOBERT, *de même.*
Pas une minute de plus !.. que moi !..
MADAME BERTRAND, *bas.*
Très bien !
LE DUC, *hors de lui.*
Tant d'insolence ! et de la part d'un faquin d'intendant ! (*Regardant Rigobert.*) Savez-vous bien, Monsieur, que les intendants... autrefois, nous les fesions sauter par la fenêtre ?..
RIGOBERT.
Autrefois... c'est possible !.. mais ils se rattrapaient... sur autre chose.
LE DUC, *s'échauffant.*
Et même encore à présent.
RIGOBERT, *avec ironie.*
Oh !.. à présent, ils ne sont plus si maniables..
LE DUC, *de même.*
Vous croyez ?
RIGOBERT, *de même.*
J'en suis sûr !

ACTE III, SCÈNE XI.

LE DUC, *furieux*.
C'est ce que nous allons voir !
MADAME BERTRAND, *voulant l'arrêter*.
Monsieur le duc !..
LE DUC, *appelant*.
Holà ! quelqu'un ! à moi mes gens !.. (*Il prend une sonnette sur la table à gauche et l'agite violemment.*)
MADAME BERTRAND.
Quel est votre dessein ?
LE DUC.
De faire jeter monsieur hors de chez moi..
RIGOBERT, *s'asseyant de l'autre côté*.
Très bien, M. le duc, si vous étiez chez vous... mais vous êtes... chez madame Bertrand.
LE DUC, *étonné*.
Chez madame Bertrand ?
MADAME BERTRAND, *à Rigobert*.
Chez moi !.. chez moi !.. y pensez-vous ?
LE DUC, *à Rigobert*.
Si vous pouvez me prouver cela...
RIGOBERT.
Très facilement... (*voyant s'ouvrir la porte du fond et paraître des paysans et des jeunes filles qui portent des bouquets, ayant Jérôme à leur tête.*) Regardez plutôt !

SCÈNE X.

LES MÊMES, JÉRÔME, PAYSANS ET PAYSANNES ; CHARLES, *sortant de la porte à gauche, et* AGATHE *de celle de droite*.

JÉRÔME, *annonçant à haute voix*.
Les vassaux de madame la comtesse !

CHOEUR.

(*S'adressant à madame Bertrand et lui présentant des fleurs.*)

Vive la noble comtesse,
Qui vient régner en ces lieux !
Vive la bonne maîtresse,
Qui nous rendra tous heureux !

ENSEMBLE.

MADAME BERTRAND.
Moi, madame la comtesse !
C'est absurde et merveilleux,
Je n'en puis croire mes yeux !

CHARLES ET AGATHE.
Vous madame la comtesse !
Je n'en puis croire mes yeux,
Près de ma mère on s'empresse ;
Elle commande en ces lieux !
(*La musique cesse.*)

CHARLES ET AGATHE, *étonnés*.
Pourquoi tout ce monde, ces bouquets ?
JÉRÔME.
Pour madame la comtesse !

MADAME BERTRAND, *haussant les épaules et à Rigobert*.
Allons donc ! est-ce que c'est possible ?
RIGOBERT, *la saluant*.
Oui, madame la comtesse.
MADAME BERTRAND.
Lui aussi ! mais comment !
BRINDAMOUR, *en dehors et criant*.
Place ! place !
MADAME BERTRAND, *à Rigobert*.
Mais quelles preuves, quels titres !
RIGOBERT, *voyant entrer Brindamour*.
Les voici !

SCÈNE XI.

LES MÊMES, BRINDAMOUR, *un fouet à la main, en costume de courrier de cabinet, la plaque armoriée sur la manche*.

BRINDAMOUR, *un paquet cacheté à la main, à Rigobert*.
Courrier du cabinet... nommé sur votre demande... et déjà en fonctions... j'apporte un message...
LE DUC, *vivement*.
Pour moi ?
BRINDAMOUR.
Non pas... pour madame Bertrand !
TOUS.
Comment !..
MADAME BERTRAND, *prenant le paquet cacheté et lisant l'adresse*.
« A madame Bertrand, comtesse de... » (*à elle-même.*) Ah ! ça... est-ce que sans m'en douter...
JÉRÔME, *avec joie, au duc*.
Oui, nous sommes comtesse... et pourquoi pas ?
MADAME BERTRAND.
Je crois qu'ils finiront par me le persuader.
CHARLES, *vivement*.
Mais lisez donc, ma mère.
TOUT LE MONDE.
Lisez donc... lisez !
MADAME BERTRAND, *troublée*.
Voilà... voilà... je suis toute tremblante !..

« Madame,

« C'est un débiteur qui vient bien tard s'acquit-
« ter envers vous !.. l'acte qui est joint à cette lettre
« était destiné à votre mari, qui fut, comme vous,
« mon bienfaiteur et mon sauveur, il ne vous a
« pas été expédié plutôt, par ma chancellerie, par la
« raison infiniment simple que je n'avais plus moi-
« même ni chancellerie ni principauté. La mienne
« supprimée un matin, par décret du *Moniteur*,
« vient de m'être rendue par le congrès de Vienne,
« et je vous prie de vouloir bien accepter pour
« vous et les vôtres la terre et le comté de Rei-
« chenbach. »

LE DUC, vivement et prenant la main de Charles.
Le titre de comte !
MADAME BERTRAND, continuant.
« Votre affectionné,
« Signé : Le prince régnant, Frédéric. »
RIGOBERT, à madame Bertrand, avec élan.
Et toujours votre ami Rigobert !..
(La musique reprend. Pendant la lecture de la lettre, Rigobert a seulement entr'ouvert son habit, qui laisse voir dessous un large ruban en sautoir.)
MADAME BERTRAND.
Ah ! je ne puis... je n'ose y croire encor !
(Courant à lui et à demi-voix.)
Quoi vous ! Rigobert ! en altesse !
RIGOBERT, de même.
Ainsi que vous, en comtesse !
MADAME BERTRAND.
Pour de vrai ?..
RIGOBERT.
Pour de vrai !
MADAME BERTRAND, à Charles, qui est dans ses bras
Mon fils, mon seul trésor !
Tu seras donc heureux !..
CHARLES.
Et je le suis par vous !

JÉROME, à part, soupirant et regardant madame Bertrand.
Hélas ! hélas !..
Décidément je ne parlerai pas !
RIGOBERT, bas, au duc.
Nous nous arrangerons !..
LE DUC.
En m'acquittant...
RIGOBERT.
Sans frais..
Un prince, monseigneur, ne prend pas d'intérêts !
(Haut, à Brindamour.)
Quant à toi, dont le cœur d'ambition pétille,
Sois courrier du prince !..
BRINDAMOUR, avec joie et comme faisant claquer son fouet.
Clic !.. clac !
LE DUC, à haute voix et tenant la main de sa fille.
Et moi, j'annonce à tous l'union de ma fille
Avec le colonel comte de Reichenbach !

CHOEUR.

Vive la noble comtesse,
Qui vient régner en ces lieux !
Vive la bonne maîtresse
Qui nous rendra tous heureux !

FIN DE LA CHARBONNIÈRE.

Imprimerie hydraulique de GIROUX et VIALAT, à Saint-Denis-du-Port, près Lagny.

www.ingramcontent.com/pod-product-compliance
Lightning Source LLC
Chambersburg PA
CBHW060512050426
42451CB00009B/945